Kohlhammer

Angelika A. Schlarb

JuSt
Begleit- und Arbeitsbuch für Jugendliche und Eltern

Das Training für Jugendliche ab 11 Jahren
mit Schlafstörungen

Unter Mitarbeit von
Christina Claudia Liddle
Kerstin Velten-Schurian

Zeichnungen
G. Burger
Friederike Schäfer

Verlag W. Kohlhammer

Dieses Werk einschließlich aller seiner Teile ist urheberrechtlich geschützt. Jede Verwendung außerhalb der engen Grenzen des Urheberrechts ist ohne Zustimmung des Verlags unzulässig und strafbar. Das gilt insbesondere für Vervielfältigungen, Übersetzungen, Mikroverfilmungen und für die Einspeicherung und Verarbeitung in elektronischen Systemen.

Die Wiedergabe von Warenbezeichnungen, Handelsnamen und sonstigen Kennzeichen in diesem Buch berechtigt nicht zu der Annahme, dass diese von jedermann frei benutzt werden dürfen. Vielmehr kann es sich auch dann um eingetragene Warenzeichen oder sonstige geschützte Kennzeichen handeln, wenn sie nicht eigens als solche gekennzeichnet sind.

Es konnten nicht alle Rechtsinhaber von Abbildungen ermittelt werden. Sollte dem Verlag gegenüber der Nachweis der Rechtsinhaberschaft geführt werden, wird das branchenübliche Honorar nachträglich gezahlt.

1. Auflage 2016

Alle Rechte vorbehalten
© W. Kohlhammer GmbH, Stuttgart
Gesamtherstellung: W. Kohlhammer GmbH, Stuttgart

Print:
ISBN 978-3-17-021540-5

E-Book-Format:
pdf: ISBN 978-3-17-023836-0

Für den Inhalt abgedruckter oder verlinkter Websites ist ausschließlich der jeweilige Betreiber verantwortlich. Die W. Kohlhammer GmbH hat keinen Einfluss auf die verknüpften Seiten und übernimmt hierfür keinerlei Haftung.

Inhalt

Begrüßung 9

Sitzung 1: Jugendsitzung 1 11
Der Sleep Doc 11
Das Punktesystem 14
Sitzung 1 – Inhaltlicher Einstieg 16
1.1 Sleep Lab für gesunden Schlaf 16
1.2 Sleep Lab für gestörten Schlaf 24
1.3 Sleep Lab für Imagination oder Hypnose 28

Sitzung 2: Jugendsitzung 2 33
Sitzung 2 – Inhaltlicher Einstieg 34
2.1 Sleep Lab für Schlafhygiene 34
2.2 Von den Eulen und den Lerchen 41

Sitzung 4: Jugendsitzung 3 49
Sitzung 4 – Inhaltlicher Einstieg 50
4.1 Sleep Lab für Schlafumgebung 50
4.2 Das Zubettgehritual 55
4.3 Sleep Lab für Schlafhygiene II 57

Sitzung 5: Jugendsitzung 4 65
Sitzung 5 – Inhaltlicher Einstieg 66
5.1 Sleep Lab für Ängste und Sorgen 66
5.2 Sleep Lab für Alpträume 76

Sitzung 6: Jugendsitzung 5 81
Sitzung 6 – Inhaltlicher Einstieg 82
6.1 Sleep Lab für Stress 82
6.2 Sleep Lab für Progressive Muskelentspannung . 90
6.3 Das private Schlaflabor/das private Sleep Lab . 95
6.4 Wer wird Schlafonär? 109

Sitzung 3: Elternsitzung 111

Sitzung 3 – Inhaltlicher Einstieg 113

Stichwortverzeichnis 129

Zusatzmaterialien[1]

Alle Imaginationsübungen können Sie unter diesem Link kostenfrei herunterladen:
http://downloads.kohlhammer.de/?isbn=978-3-17-021540-5
(Passwort: ntznlwi)

---

[1] Wichtiger urheberrechtlicher Hinweis: Alle zusätzlichen Materialien, die im Download-Bereich zur Verfügung gestellt werden, sind urheberrechtlich geschützt. Ihre Verwendung ist nur zum persönlichen und nichtgewerblichen Gebrauch erlaubt. Jede Verwendung außerhalb der engen Grenzen des Urheberrechts ist ohne Zustimmung des Verlags unzulässig und strafbar. Das gilt insbesondere für Vervielfältigungen, Übersetzungen, Mikroverfilmungen und für die Einspeicherung und Verarbeitung in elektronischen Systemen.

Begleitheft von:

_____

Begrüßung

Lieber Teilnehmer,
liebe Teilnehmerin,
wir begrüßen dich ganz herzlich zu unserem Schlaftraining. Hier die wesentlichen Ziele für dieses Training:
Das Programm soll ...

- dir zeigen, was du selbst für einen guten Schlaf tun kannst.
- dir verschiedene Strategien und Tricks zeigen, die dir dabei helfen können, wieder besser zu schlafen.
- dir und deiner Familie helfen, mit Belastungen, die aufgrund deiner Schlafprobleme auftreten, besser umzugehen.
- deinen Eltern Möglichkeiten zeigen, wie sie dich dabei unterstützen können.

Damit du möglichst viel von unserem Programm profitierst, bitten wir dich, folgende Punkte zu beachten:

> - Komm bitte **regelmäßig und pünktlich** zu den Sitzungen. Solltest du einmal nicht kommen können, bitten wir dich, uns kurz telefonisch Bescheid zu geben.
> - Arbeite bitte regelmäßig mit. Dies beinhaltet auch die Übungen für zuhause.
> - Bring dieses **Begleitheft** bitte zu jeder Sitzung mit.

Dieses Begleitheft enthält alles, was wir im Training zusammen erarbeiten werden. Du wirst also alle wichtigen Informationen zur Hand haben, um sie zuhause nochmals nachlesen zu können. Manchmal werden wir auch nicht alles Wichtige in den Sitzungen besprechen können, dann werden wir dich bitten, diese Informationen zuhause nachzulesen.

Besonders wichtig sind die Seiten mit den »Feldexperimenten«. Darauf wirst du Übungen finden, die du zuhause regelmäßig durchführen sollst. Damit dieses Programm dir helfen kann, wieder besser zu schlafen, ist es wichtig, dass du gut mitarbeitest.

Falls du zu irgendeinem Zeitpunkt Fragen hast, kannst du dich jederzeit bei uns melden.

Wir wünschen dir nun viel Spaß und Erfolg mit unserem Schlaftraining.

Dein JuSt-Team

Sitzung 1: Jugendsitzung 1

Der Sleep Doc

Herzlich willkommen im Sleep Lab!

Hallo, mein Name ist **Paul Paulsen** und **ich bin Schlafforscher**. Weißt du eigentlich, warum ich das geworden bin? Das war nämlich so, dass ich als Jugendlicher eine jüngere Schwester hatte, die immer nicht einschlafen konnte. Und wenn sie dann so lange abends wach war und auf den Schlaf gewartet hat, ist sie oft zu mir rübergekommen und hat mich gebeten, dass ich irgendetwas tun soll, damit sie doch einschläft. Manchmal habe ich ihr dann von meinem Tag erzählt oder aber einfach eine Geschichte erfunden. Das hat oft geholfen – manchmal hat sie sich aber auch große Sorgen wegen der Schule oder ihren Freundinnen gemacht und dann ging gar nichts mehr. Daher bin ich Schlafforscher geworden. Ich wollte verstehen, wie das mit dem Schlafen ist und herausfinden, was man tun kann, um besser zu schlafen. Ich werde dir das Wissen, das ich mir in jahrelanger Forschungsarbeit angeeignet habe, weitergeben.

So, dann gehen wir mal in Richtung Sleep Lab. Das ist ganz schön vielseitig und manche haben das Gefühl, es ist ein wenig wie ein Labyrinth. Darum hat es auch den Namen: **Sleep Lab!**

Sitzung 1: Jugendsitzung 1

Lab für **Schlafhygiene II**	Lab für **Schlafumgebung &** **Vorbereitung auf die Nacht**	Lab für **Schlafhygiene I**
Lab für **Ängste & Sorgen**	Lab für **Imagination** **oder Hypnose**	Lab für **gestörten** **Schlaf**
Lab für **Stress**	Lab für **Alpträume**	Lab für **gesunden** **Schlaf**
Lab für **Progressive** **Muskelentspannung**	Privates **Sleep Lab**	Herzlich Willkommen in meinem Sleep Lab!

Bei uns Forschern ist es nun so, dass wir viel Zeit in unserem Labor verbringen. Dadurch komme ich nur selten raus. Du bist ja die meiste Zeit außerhalb des Labors und weißt über deinen eigenen Schlaf am besten Bescheid. Deshalb möchte ich **mit Alltags-Experten, wie du es bist, zusammenarbeiten**, damit ich meine Forschung auch auf den Alltag übertragen kann.

Wenn wir uns also gemeinsam auf den Weg machen, sind wir ein ideales Team, um **Strategien und Hilfsmittel für einen guten Schlaf** zu entdecken!

Bevor wir jedoch nun weitermachen, möchte ich dir die **Laborordnung** vorstellen. Denn damit wir in unserer Forschergruppe gut zusammenarbeiten können, ist es wichtig, dass sich alle mit den Regeln unseres Sleep Labs einverstanden erklären und diese einhalten.

Laborordnung

PSSST!	Schweigepflicht	
	Pünktlichkeit	
	Sich gegenseitig zuhören	
	Recht auf eigene Meinung	
	Fragen haben Vorrang	

Laborvertrag

Zwischen

_____ und Prof. Paul Paulsen

Wir treffen uns zu fünf Sitzungen.

Ich verspreche …
- zu allen Treffen pünktlich zu kommen
- die Laborordnung einzuhalten
- mein Schlaftagebuch immer auszufüllen und mitzubringen
- meine Übungen regelmäßig zuhause zu machen

Ich verspreche …
- zu allen Treffen pünktlich da zu sein
- die Laborordnung einzuhalten
- dir so gut es geht zu helfen, so dass du wieder besser schläfst
- zu versuchen, alle deine Fragen zu beantworten

_____
Ort, Datum

_____
Unterschrift

Prof. Paul Paulsen
Unterschrift

Das Punktesystem

Experte werden

> Nun, wenn du hier gut mitarbeitest, dann wirst du zu einem immer größeren Experten und bekommst Forscherpunkte. Am Ende dieses Trainings kannst du je nach deiner ganz persönlichen Forschungsleistung die folgenden Titel erlangen: **Hilfswissenschaftler, Doktor, Professor**.

Such Dir, eventuell gemeinsam mit deinen Eltern, für jede Stufe eine Belohnung aus. Der Titel Hilfswissenschaftler ist relativ leicht zu erreichen, weshalb du dir dafür eine kleinere Belohnung aussuchen solltest. Für den Doktortitel musst du schon mehr Forschungsleistung erbringen, die Belohnung hierfür sollte also auch etwas größer sein. Der Titel Professor wird nur vergeben, wenn du wirklich außerordentlich viel gearbeitet hast. Für diese Stufe solltest du dir deshalb eine richtig gute Belohnung ausdenken.

Professor	→	Große Belohnung
Doktor	→	Mittlere Belohnung
Hilfswissenschaftler	→	Kleine Belohnung

Welche Expertenstufe du erreichst, hängt davon ab, wie viele Punkte du im Training sammelst. Punkte gibt es für Hausaufgaben, für deine Mitarbeit in der Trainingsstunde und für das Schlafquiz »Wer wird Schlafonär?« am Ende des Trainings. Während wir das Sleep Lab durchlaufen, kannst du 64 Punkte sammeln. Beim Schlafquiz »Wer wird Schlafonär?« in der letzten Stunde kannst du weitere Extrapunkte sammeln, die dann zu den bisherigen Punkten hinzugezählt werden. Der Titel Hilfswissenschaftler wird ab 36 Punkten vergeben, der Doktortitel ab 50 Punkten und der Titel Professor ab 63 Punkten.

ab 63 Punkte	→	Professor
ab 50 Punkte	→	Doktor
ab 36 Punkte	→	Hilfswissenschaftler

Wie viele Punkte du für was bekommst, wird bei jeder Hausaufgabe erklärt.

Wusstest du schon ...
... wenn du dich für ein bestimmtes Verhalten belohnst, wird es dir in Zukunft leichter fallen, dich wieder so zu verhalten.

Sitzung 1 – Inhaltlicher Einstieg

1.1 Sleep Lab für gesunden Schlaf

Lab für Schlafhygiene II	Lab für Schlafumgebung & Vorbereitung auf die Nacht	Lab für Schlafhygiene I
Lab für Ängste & Sorgen	Lab für Imagination oder Hypnose	Lab für gestörten Schlaf
Lab für Stress	Lab für Alpträume	**Lab für gesunden Schlaf**
Lab für Progressive Muskelentspannung	Privates Sleep Lab	Herzlich Willkommen in meinem Sleep Lab!

Heute wollen wir uns gemeinsam mit dem Sleep Doc auf den Weg durch das Sleep Lab für gesunden Schlaf machen. Dabei wollen wir entdecken, was die Wissenschaft schon so alles über den Schlaf herausgefunden hat.

1.1.1 Was passiert in deinem Körper, während du schläfst?

Weißt du schon etwas darüber, was in deinem Körper passiert, während du schläfst? Glaubst du, dass der Körper sich wie ein Computer in einen Sleep-Modus versetzt und nichts mehr tut, bis du wieder aufwachst? Oder glaubst du, dass der Körper und das Gehirn aktiv bleiben und während der Nacht »weiterrechnen«?

Dieser Frage sind die Schlafforscher mittlerweile mithilfe moderner Technik nachgegangen. Dabei haben sie herausgefunden, dass im Gehirn nachts ganz schön viel passiert. Das Gehirn ist beim Schlafen immer wieder mit etwas Anderem beschäftigt, da es verschiedene Schlafphasen durchläuft. Die wichtigsten Schlafphasen sind:

Schlafphasen

1. Non-REM-Schlaf/ruhiger Schlaf
2. REM-Schlaf/Traumschlaf

REM steht dabei für die Abkürzung des englischen Begriffs rapid eye movement und bedeutet, dass in dieser Phase rasche Augenbewegungen vorkommen.

Arbeitsblatt 1: Die wichtigsten Schlafphasen

Non-REM-Schlaf/ Ruhiger Schlaf	REM-Schlaf Traumschlaf

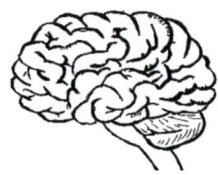

1) Der Non-REM-Schlaf/ruhige Schlaf

Wenn ihr euch im **Non-REM-Schlaf** befindet, schlaft ihr relativ ruhig und euer Gehirn und euer Körper erholen sich. In diesem Stadium träumt ihr zwar, allerdings nicht sehr viel.

Der Non-REM-Schlaf wird auch **ruhiger Schlaf** genannt und besteht aus drei Teilen (Stadien), wobei ihr vom Wachzustand (Stadium I) immer tiefer in den Schlaf fallt, bis ihr im Tiefschlaf (Stadium III) angekommen seid. Dabei werden euer Gehirn und euer Körper immer ruhiger und arbeiten weniger: So sinkt z. B. eure Gehirnaktivität, eure Augenbewegungen werden langsamer und die Muskeln in eurem Körper entspannen sich.

Non-REM-Schlaf/ruhiger Schlaf

Abb. 1: Non-REM-Schlaf/ruhiger Schlaf

2) Der REM-Schlaf/Traumschlaf

Die andere Phase wird **REM-** bzw. **Traum-Schlaf** genannt. REM steht dabei für die Abkürzung des englischen Ausdrucks rapid eye movement und bedeutet, dass in dieser Phase schnelle Augenbewegungen vorkommen. Wie der Name »Traum-Schlaf« schon verrät, träumst du hier intensiv und sehr viel (ca. 80 % unserer Träume finden in dieser Phase statt). Dein Gehirn ist hier übrigens fast so aktiv wie im Wachzustand! Deine Atmung ist unregelmäßig und deine Muskelspannung nimmt so stark ab, dass du dich fast nicht mehr bewegen kannst. Das ist so, damit du dir nicht weh tust oder aus dem Bett hüpfst, wenn du gerade träumst, im Schwimmbad vom 10-Meter-Brett zu springen!

REM-Schlaf/Traumschlaf

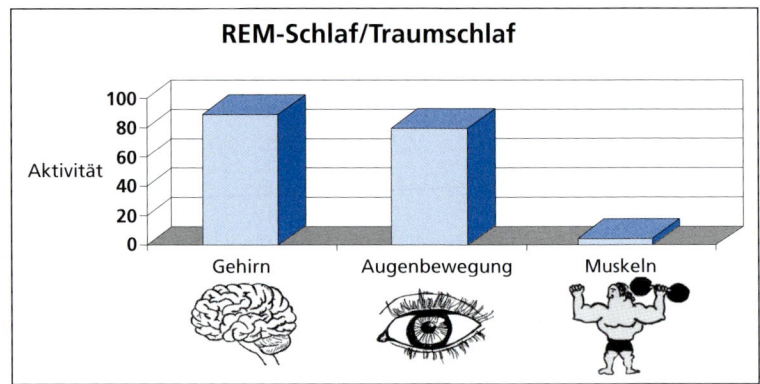

Abb. 2:
REM-Schlaf/
Traumschlaf

> Aber das ist noch nicht alles, denn zusammen ergeben der ruhige Schlaf und der Traum-Schlaf einen »**Schlafzyklus**«: Auf dem Schaubild siehst du schön, wie man vom Wachzustand langsam einschläft (Stadium I) und immer tiefer in den Schlaf fällt (Stadium II), bis man im Tiefschlaf (Stadium III) angekommen ist. Dann taucht man wieder langsam aus dem Tiefschlaf auf und kommt in den Traum-Schlaf (REM-Stadium).

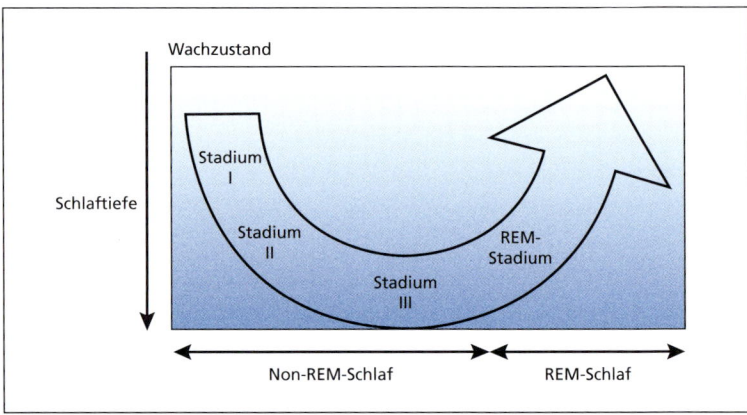

Abb. 3:
Schematische
Darstellung eines
Schlafzyklus

1.1 Sleep Lab für gesunden Schlaf

> Jeder Schlafzyklus dauert ca. 90–110 Minuten. In einer Nacht durchläufst Du diesen Schlafzyklus ca. vier- bis sechsmal. Du kannst dir deinen Schlaf als eine Art Wellenbewegung vorstellen Oder ihn mit einem Wal vergleichen, der an der Wasseroberfläche Luft holt und dann langsam ganz tief ins Meer abtaucht. Nach einer Weile kommt er dann wieder langsam nach oben, um Luft zu holen, nur um sogleich wieder abzutauchen. Der Wal – unser Schlaf – bahnt sich also in einer wellenförmigen Bewegung seinen Weg durchs Wasser. Stellt Euch bitte jeden Abend dieses Bild vor. Dieses Bild kann euch gut helfen besser ein- und durchtzschlafen. Auf dieses Bild kommen wir noch einmal später im Training zu sprechen.

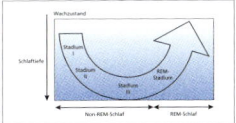 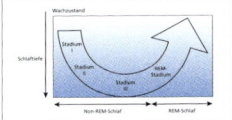 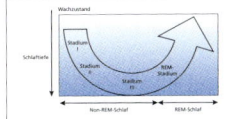 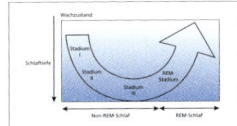

1.1.2 Läuft mein Schlaf lebenslang nach demselben Muster ab?

Schlaf über die Lebensspanne

Nein, dein Schlaf verändert sich über die gesamte Lebensspanne hinweg. Zum Beispiel nimmt die Gesamtschlafdauer immer weiter ab. Während du als Baby zwischen 16 und 20 Stunden pro Tag geschlafen hast, hast du als Kind wahrscheinlich nur noch ca. 10 Stunden schlafend verbracht.

> Ich und meine Kollegen haben verschiedene Studien durchgeführt, die gezeigt haben, dass die meisten Jugendlichen ca. 9 Stunden Schlaf brauchen. Es ist allerdings wichtig, zu wissen, dass es große Unterschiede bezüglich der benötigten Schlafdauer gibt. Daher kann es sein, dass manche der Jugendlichen weniger oder mehr Schlaf brauchen, um fit zu sein.

| Baby: | Kleinkind: | Kind: | Jugendlicher: | Erwachsener: |
| ~ 20h | ~ 13 h | ~ 10 h | ~ 9h | ~ 8h |

Neben der Schlafdauer verändern sich auch andere Dinge.
Vielleicht hast du auch schon bemerkt, dass du etwas später müde wirst als noch in deiner Kindheit.
Dein Schlaf als Jugendlicher entspricht jetzt übrigens schon fast 100-prozentig dem Schlaf eines Erwachsenen!

Wusstest du schon, dass ...
der Mensch teilweise bis zu 28-mal pro Nacht aufwacht? Das kurze Aufwachen stammt noch aus der Zeit, in der sich unsere Vorfahren während der Nacht immer wieder vergewissern mussten, dass ihnen keine Gefahr droht.

1.1.3 Warum müssen wir eigentlich schlafen?

Hast du dir eigentlich schon mal überlegt, dass jeder Mensch ca. ein Drittel seines Lebens verschläft? Wenn man bedenkt, dass es für die Menschen früher in der Steinzeit ganz schön gefährlich war zu schlafen, muss es gute Gründe dafür geben, dass wir so viel Schlaf brauchen. Bis heute ist uns Schlafforschern noch nicht vollständig klar, wozu der Schlaf überhaupt gut ist.
Dennoch gibt es einige wichtige Informationen, über die ich mir mit meinen Kollegen einig bin ...

Aufgaben des Schlafs

Aufgaben des Schlafs

Entwicklung und Immunsystem

Während des Schlafs werden im Körper Stoffe ausgeschüttet, die dafür sorgen, dass dein Körper wachsen kann. Dies passiert vor allem in der ersten Nachthälfte. Außerdem hilft dir dein Schlaf dabei, gesund zu bleiben.

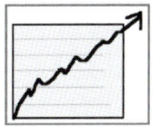

Erholung und Erneuerung

Schlafen ist eine Kraftquelle für deinen Körper und dein Gehirn. Dein Körper erholt sich vor allem während des ruhigen Schlafs, also eher in der ersten Hälfte der Nacht.

Informationsverarbeitung

Besonders im Traum-Schlaf werden wichtige Informationen des Tages in deinem Gehirn geordnet und unwichtige Informationen gelöscht. Wenn du heute zum Beispiel neue Vokabeln lernen würdest, dann würden diese während des Traum-Schlafs im Gehirn an die richtige Stelle geschoben werden, so dass du sie morgen finden könntest. Würde dich heute Nacht jedoch immer jemand während des Traum-Schlafs wecken, dann würde dein Vokabeltest morgen wahrscheinlich schlechter ausfallen, als wenn du ungestört hättest schlafen können. Der Traum-Schlaf ist also für das Lernen und dein Gedächtnis wichtig.

Gehirnentwicklung

Viele Experten nehmen an, dass der Traum-Schlaf an der Entwicklung deines Gehirns beteiligt ist. Babys träumen z. B. extrem viel, da sich ihr Gehirn noch stark entwickelt. Jugendliche verbringen weniger Zeit im Traumschlaf, weil ihr Gehirn schon weiter entwickelt ist.

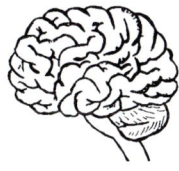

Wie du siehst, passieren während der ganzen Nacht verschiedene und wichtige Dinge:

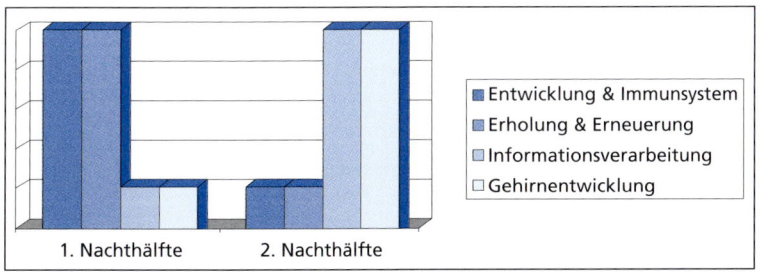

Abb. 4: Aufgaben des Schlafs

1.2 Sleep Lab für gestörten Schlaf

Lab für Schlafhygiene II	Lab für Schlafumgebung & Vorbereitung auf die Nacht	Lab für Schlafhygiene I
Lab für Ängste & Sorgen	Lab für Imagination oder Hypnose	**Lab für gestörten Schlaf**
Lab für Stress	Lab für Alpträume	Lab für gesunden Schlaf
Lab für Progressive Muskelentspannung	Privates Sleep Lab	Herzlich Willkommen in meinem Sleep Lab!

Schlafstörungen

1.2.1 Welche Schlafstörungen gibt es?

> Wusstest du schon, dass …
> … es **viele verschiedene Schlafstörungen** gibt?

Bei Schlafstörungen wird der Schlaf des Betroffenen in irgendeiner Art und Weise gestört. Sehr häufig klagen Personen mit Schlafstörungen darüber, dass sie am Abend lange nicht einschlafen können, nachts lange wach liegen oder am Morgen ungewollt viel zu früh aufwachen. Oft schlafen die Betroffenen zu wenig oder sie fühlen sich nicht erholt. Ein solches Schlafstörungsbild nennt man **Insomnie**. Bei einigen entsteht eine Schlafstörung durch **Dinge, die sich der Körper angewöhnt hat** und die er dann zum Einschlafen braucht. Solche Einschlafbedingungen können zum Beispiel die Eltern sein, die in der Nähe sind, oder aber eine bestimmte Umgebung.

Ohne diese Einschlafbedingungen fühlen sich die betroffenen Personen unwohl und können dadurch schlechter einschlafen. Wenn Personen z. B. erst sehr spät am Abend müde werden und dafür am Morgen länger schlafen wollen, kommt es manchmal zu einer **Störung der zirkadianen Rhythmik**. Da sie morgens früh aufstehen müssen, um zur Arbeit oder in die Schule zu gehen, bekommen sie nicht genug Schlaf und leiden daher unter ihrem Schlaf-Wach-Rhythmus. Könnten diese Menschen schlafen gehen und aufstehen, wann sie wollen, dann hätten sie gar keine Schlafstörungssymptome. Aber – so ist das bei Arbeit und Schule – sie beginnen am frühen Morgen.

Es gibt Verhaltensweisen, die bei manchen Menschen den Schlaf stören. Solche Verhaltensweisen können z. B. Kaffee trinken am Abend oder unregelmäßige Bettzeiten sein. Man spricht dann von einer **inadäquaten Schlafhygiene**.

Wenn jemand ganz unruhige Beine hat, in denen er ein Kribbeln verspürt, wenn er sich eigentlich gerade entspannt, kann das ein sogenanntes »**Restless-Legs-Syndrom**« sein.

Dann gibt es noch die **Parasomnien**. Hierunter werden Schlafbesonderheiten zusammengefasst wie z. B. Schlafwandeln, Alpträume oder der Nachtschreck.

> *Wusstest du schon, dass ...*
> ... fast jeder Mensch zu irgendeinem Zeitpunkt seines Lebens kurzzeitig unter Schlafstörungen leidet? Meistens hängt das mit Stress zusammen und wird wieder besser, wenn der Stress vorbei ist.

1.2.2 Wie häufig treten Schlafstörungen bei Jugendlichen auf?

Du magst überrascht sein, aber du bist mit deiner Schlafproblematik weniger allein als du vielleicht denkst! Schlafstörungen treten bei Jugendlichen häufiger auf als allgemein angenommen wird. Je nach Untersuchung werden Zahlen zwischen 20 % und 50 % angegeben. Das heißt also, dass von 10 Jugendlichen zwei bis fünf unter Schlafstörungen leiden!

1.2.3 Welche Dinge können Schlafstörungen verursachen bzw. dafür sorgen, dass sie nicht mehr weggeht?

Arbeitsblatt 2: Welche Dinge können zu Schlafstörungen führen/eine Schlafstörung aufrechterhalten?

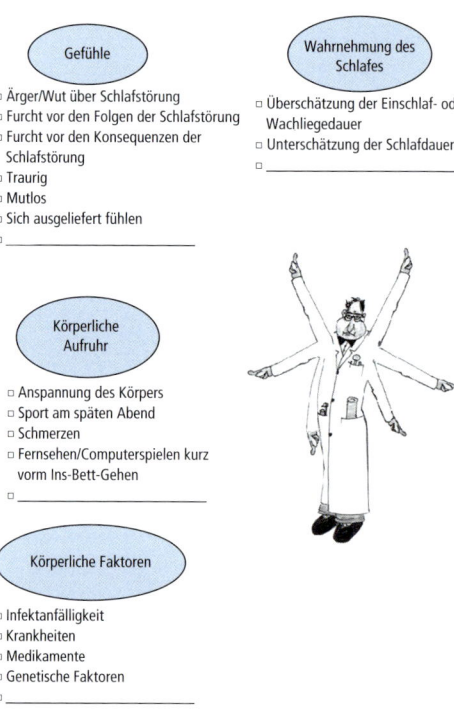

Gefühle
- ☐ Ärger/Wut über Schlafstörung
- ☐ Furcht vor den Folgen der Schlafstörung
- ☐ Furcht vor den Konsequenzen der Schlafstörung
- ☐ Traurig
- ☐ Mutlos
- ☐ Sich ausgeliefert fühlen
- ☐ _____

Wahrnehmung des Schlafes
- ☐ Überschätzung der Einschlaf- oder Wachliegedauer
- ☐ Unterschätzung der Schlafdauer
- ☐ _____

Gedanken
- ☐ Grübeln
- ☐ Sorgen um den Schlaf
- ☐ Falsche Überzeugungen über den Schlaf
- ☐ „Ich schaffe die Schule nicht."
- ☐ Sorgen um die Zukunft
- ☐ Negative Sichtweise der Schlafstörung
- ☐ _____

Körperliche Aufruhr
- ☐ Anspannung des Körpers
- ☐ Sport am späten Abend
- ☐ Schmerzen
- ☐ Fernsehen/Computerspielen kurz vorm Ins-Bett-Gehen
- ☐ _____

Tagesbeeinträchtigungen
- ☐ Müdigkeit, Erschöpfung
- ☐ Schlechte Stimmung
- ☐ Konzentrationsprobleme
- ☐ Leistungsfähigkeit sinkt
- ☐ Weniger Lust, etwas zu unternehmen/Freunde zu treffen …
- ☐ _____

Körperliche Faktoren
- ☐ Infektanfälligkeit
- ☐ Krankheiten
- ☐ Medikamente
- ☐ Genetische Faktoren
- ☐ _____

Familie
- ☐ Inkonsequentes Erziehungsverhalten
- ☐ Uneinigkeit der Eltern
- ☐ Bett als Strafmaßnahme
- ☐ Probleme in der Paarbeziehung der Eltern
- ☐ Streit
- ☐ Stressende/traumatische Ereignisse
- ☐ Getrennte Eltern
- ☐ Wenig Zeit fürs Kind
- ☐ _____

Ungünstige Schlafgewohnheiten
- ☐ Lange Bettzeiten, langes Wachliegen im Bett
- ☐ Zu langer Mittagsschlaf
- ☐ Unregelmäßiger Schlaf-Wach-Rhythmus
- ☐ Ungünstige Schlafumgebung
- ☐ Schlafen im Elternbett
- ☐ Spielen/Lesen/Essen im Bett
- ☐ SMS schicken
- ☐ Gameboy-/Computerspielen etc.
- ☐ _____

Tagesereignisse
- ☐ Stress, Ärger in der Schule/Ausbildung/Familie
- ☐ Probleme aufschieben
- ☐ Sehr positive Erlebnisse
- ☐ _____

1.2.4 Welche Folgen haben Schlafstörungen?

Folgen von Schlafstörungen

> Es ist wichtig, zu wissen, was die Konsequenzen deiner Schlafprobleme sind. Meine Schwester z. B. war immer wieder ganz unkonzentriert bei den Hausaufgaben und hat daher viele Fehler gemacht. Das wussten wir aber erst, als sie es geschafft hatte, besser zu schlafen, dann ist sie nämlich in der Schule auf einmal viel besser geworden. Nun aber zu dir – wie sieht es denn bei dir aus?

Arbeitsblatt 3: Konsequenzen von Schlafstörungen

Schule	☐ Lernschwierigkeiten ☐ Probleme mit Aufmerksamkeit und Konzentration ☐ Bewegungsdrang ☐ Probleme mit der Mitarbeit ☐ Probleme mit Lehrern ☐ Schlafe fast ein	**Gesundheit**	☐ Öfters krank ☐ Bauchschmerzen ☐ Kopfschmerzen ☐ Übergewicht
Familie/ Freunde	☐ Vermehrter Streit mit Eltern/Geschwistern/ Freunden ☐ Probleme mit dem Verhalten	**Gefühle**	☐ Schneller gereizt ☐ Aggressiv ☐ Schlecht gelaunt ☐ Traurig ☐ Sich Sorgen machen
Freizeitgestaltung	☐ Lustlosigkeit, ☐ Antriebslosigkeit, ☐ Zu müde, um etwas zu unternehmen ☐ Erhöhte Unfallgefahr	**anderes**	☐ ☐ ☐

Sitzung 1 – Inhaltlicher Einstieg

1.3 Sleep Lab für Imagination oder Hypnose

Lab für Schlafhygiene II	Lab für Schlafumgebung & Vorbereitung auf die Nacht	Lab für Schlafhygiene I
Lab für Ängste & Sorgen	Lab für Imagination oder Hypnose	Lab für gestörten Schlaf
Lab für Stress	Lab für Alpträume	Lab für gesunden Schlaf
Lab für Progressive Muskelentspannung	Privates Sleep Lab	Herzlich Willkommen in meinem Sleep Lab!

1.3.1 Was ist Hypnotherapie?

Imagination/Hypnose

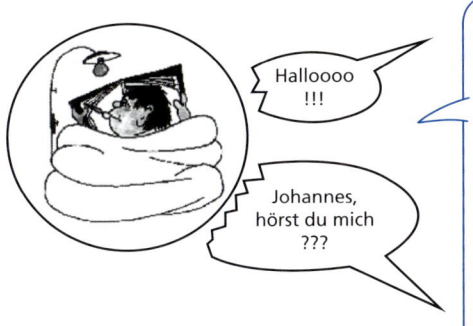

"Halloooo !!!"

"Johannes, hörst du mich ???"

Wenn im Alltag von Hypnose gesprochen wird, dann denken die meisten Menschen gleich an die Showhypnose, bei der Menschen im Fernsehen hypnotisiert werden und sich dann »zum Affen« machen. Die Hypnotherapie hat damit allerdings nichts zu tun. Denn bei der Hypnotherapie lernst du, dich in einen Zustand zu versetzen, den du selbst kontrollieren kannst und den du bestimmt auch schon aus deinem Alltag kennst. In einem solchen Zustand befindest du dich z. B., wenn du so sehr in einem Tagtraum oder in ein gutes Buch versunken bist, dass du alles um dich herum vergisst.

Dies sind typische Situationen, in denen du dich in einer ganz natürlichen Art von »Trance«, also in einem »Hypnosezustand« befindest. Dadurch, dass du dich so stark auf deine Tätigkeit konzentrierst, kannst du nämlich alles um dich herum ausblenden und in deiner eigenen Welt versinken.

Dieser Zustand kann genutzt werden, um dir mit deinem Schlafproblem zu helfen.

Die Hypnose kann dir helfen:

- Deinen Körper zu entspannen
- Zur Ruhe zu kommen
- Gedankenkreisen zu unterbrechen
- Sorgen und Ängste zu unterbrechen
- Die Zeit zwischen dem Zubettgehen und dem Einschlafen wie im Fluge vergehen zu lassen
- Einzuschlafen, ohne dich »anstrengen« zu müssen

Ihr solltet wissen, dass jeder Mensch seinen eigenen Weg hat, mit solchen Phantasiereisen umzugehen. Meine Schwester zum Beispiel mochte es sehr gerne, wenn sie sich dabei in einen ganz bequemen Sessel kuscheln konnte. Dann hatte sie auch noch eine flauschige Kuscheldecke, das fand sie toll und es half ihr, sich vorzustellen, dass sie auf ihrer Lieblingsphantasieinsel wäre. Ihr werdet in diesem Training lernen, selbst so eine Phantasiereise (oder Trance genannt) zu steuern. Manchen aus unserem Training wird dies sehr leicht fallen, andere brauchen vielleicht etwas länger, bis sie herausgefunden haben, wie sie in Trance gelangen. Wichtig ist, dass ihr regelmäßig mit den CDs, die ihr von uns bekommt, zuhause übt. Denn wie alles im Leben muss man auch üben, in Trance zu gehen.

Das Feldexperiment

Da du ja jetzt zu meinem Forscherteam gehörst, möchte ich dich noch mit unserer gemeinsamen Arbeit vertraut machen, die wir als Forscher regelmäßig ausführen werden.
Teil unserer Arbeit ist es, Dinge, die wir hier im Labor erforschen, auch in der Realität, also im «echten Leben« auszuprobieren. Das nennen wir dann ein »**Feldexperiment**«. In einem Feldexperiment überprüft man, wie gut sich das im Labor erforschte Wissen im echten Leben anwenden lässt. Deine Aufgabe als mein Forscherkollege ist es, die Dinge, die wir hier im Labor gemeinsam erarbeiten, im Alltag umzusetzen. Dabei ist es wichtig, dass du dich an den Experimentalplan hältst, den wir gemeinsam im Labor ausarbeiten.
Je häufiger und je sorgfältiger du ein Experiment machst, desto wertvoller sind die Ergebnisse und desto mehr Forscherpunkte bekommst du für deine Arbeit.

Feldexperiment ## *Experimentalplan Feldexperiment*

Feldexperiment		Punkte √
Imagination »Schlafbaum«	• Die Imagination sollte möglichst täglich geübt werden • Am besten reservierst du dir hierfür (wenn möglich) jeden Tag dieselbe Zeit. Du kannst dir die CD anhören wann du möchtest, spätestens aber bevor du ins Bett gehst. • Such dir einen Platz, an dem du dich wohl fühlst – allerdings solltest du die CD außerhalb deines Bettes anhören. • Sorg dafür, dass du während dieser Zeit nicht gestört wirst (Schild vor die Tür, mit Familienmitgliedern besprechen, Handy aus …).	Pro Tag an dem du geübt hast, darfst du dir 1 Forscherpunkt einkleben.
Belohnung	Such dir 3 Belohnungen aus: • eine kleine für den Titel des Hilfswissenschaftlers, • eine mittlere für den Doktortitel, • eine große für den Professortitel. Notier dir die Belohnungen auf dem Blatt »Forscherpunkte« ganz am Ende deines Begleithefts	
Schlaftagebuch	• Ausfüllen und beim nächsten Treffen mitbringen	

Wenn du möchtest, kannst du unser Schlaflabor-Schild als Türschild benutzen, wenn du nicht gestört werden willst.

Sleep Lab

Eintritt verboten!

Sitzung 2: Jugendsitzung 2

Mich würde nun brennend interessieren, wie eure Feldexperimente geklappt haben und welche Erfahrungen ihr dabei gemacht habt?

- Habt ihr Zeit und einen Ort zum Üben gefunden?
- Konntet ihr regelmäßig üben?
- Welche Erfahrungen habt ihr mit der Hypnose gemacht? Gab es Schwierigkeiten oder habt ihr noch Fragen?
- Habt ihr daran gedacht, eure Forscherpunkte einzukleben?

Sitzung 2 – Inhaltlicher Einstieg

2.1 Sleep Lab für Schlafhygiene

Lab für Schlafhygiene II	Lab für Schlafumgebung & Vorbereitung auf die Nacht	Lab für Schlafhygiene I
Lab für Ängste & Sorgen	Lab für Imagination oder Hypnose	Lab für gestörten Schlaf
Lab für Stress	Lab für Alpträume	Lab für gesunden Schlaf
Lab für Progressive Muskelentspannung	Privates Sleep Lab	Herzlich Willkommen in meinem Sleep Lab!

2.1 Sleep Lab für Schlafhygiene

Heute werden wir zusammen das **Lab für Schlafhygiene** besuchen. Ich habe mit meiner Schwester schon verschiedene alltägliche Verhaltensweisen untersucht und herausgefunden, welche Verhaltensweisen gut und welche ungünstig für den Schlaf sind. Erinnerst du dich an das Schaubild von deinem letzten Besuch bei mir im Sleep Lab? Das ist wahrhaftig ein Labyrinth! Aber wenn man diese Dinge verbessert, dann hat das auch einen positiven Einfluss auf die Tagesbeeinträchtigungen. Lass uns also in das Lab für Schlafhygiene gehen.

2.1.1 Schlafhygiene im Bett

Schlafhygiene im Bett

Die goldene Regel

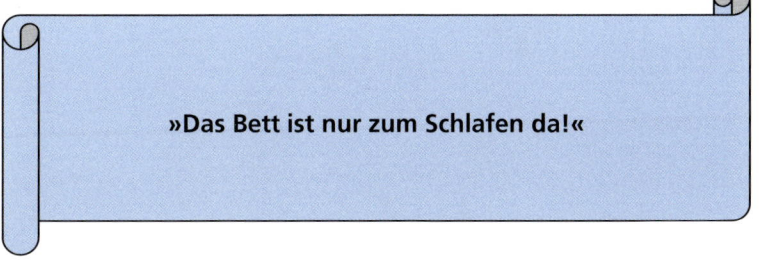

»Das Bett ist nur zum Schlafen da!«

Das heißt, dass man im Bett nur schlafen und keine anderen Dinge wie fernsehen, essen, Computer spielen usw. tun sollte.

Warum ist das so?

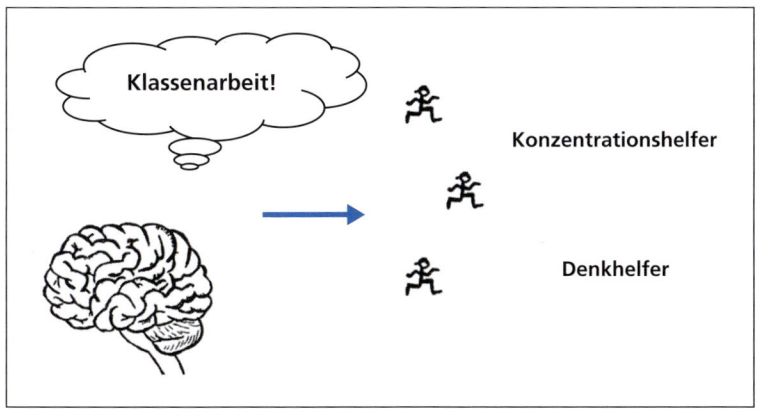

Abb. 5: Aktivierung

Dein Gehirn merkt sich, an welchen Orten und zu welchen Zeiten der Körper aktiv sein und arbeiten muss und wo bzw. wann er sich ausruhen darf. Dein Gehirn merkt sich das deshalb, damit es deinen Körper auf die jeweiligen Aufgaben vorbereiten kann. Wenn du z. B. eine Klassenarbeit schreibst, bereitet das Gehirn deinen Körper auf diese Aufgabe vor, damit du die Arbeit möglichst gut schreiben kannst. Das Gehirn sorgt dann durch Helfer dafür, dass du dich besser konzentrieren und schneller denken kannst. Unten siehst du so ein Beispiel. Das Denken an die Klassenarbeit führt dazu, dass deine Konzentrations- und Denkhelfer aktiviert werden.

Manchmal erinnert man sich aber auch beim Betreten eines Ortes an das, was man dort erlebt hat. So z. B. auf der Bühne, wo man seine erste Vorstellung hatte oder in dem Raum, in dem man eine Prüfung hatte. Dann kann man auch wieder nervös werden, obwohl das vielleicht schon vorbei ist.

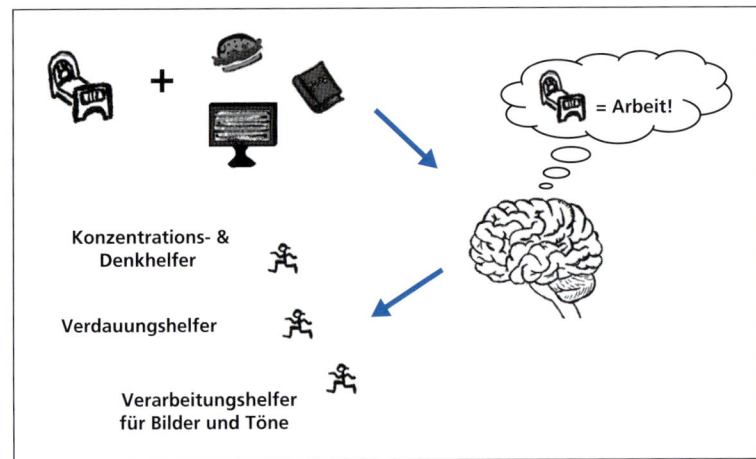

Abb. 6: Ungünstige Konditionierung

> Ich habe schon damals mit meiner Schwester herausgefunden, dass das mit dem Bett genauso funktioniert. Das bedeutet für euch: Wenn ihr im Bett oft lest, fernseht, Computer spielt oder esst, dann merkt sich euer Gehirn, dass der Körper im Bett arbeiten muss. Denn wenn man liest, fernsieht usw. muss der Körper die ganzen Bilder und Geräusche verarbeiten bzw. das Essen verdauen und das bedeutet Arbeit.

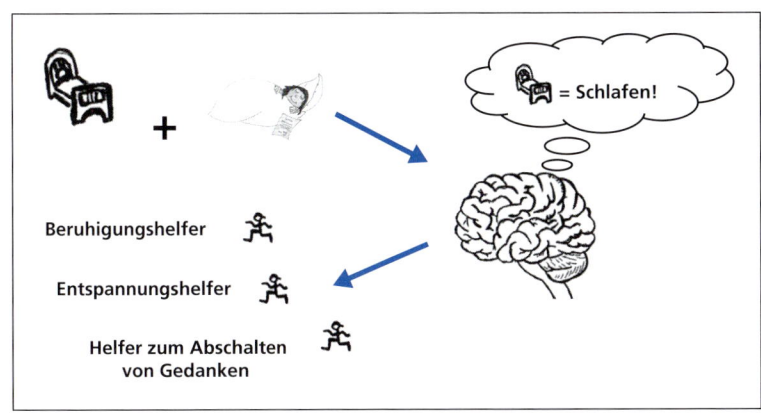

Abb. 7:
Günstige Konditionierung

Um gut schlafen zu können, ist es also wichtig, dass du deinem Gehirn beibringst, dass im Bett geschlafen wird. Dein Gehirn lernt dadurch, dass es deinem Körper im Bett helfen muss, sich zu beruhigen und zu entspannen.

> Wenn du also im Bett schlafen willst, musst du das berücksichtigen. Wir, also meine Schwester und ich, haben damals die Schulbücher aus dem Bett verbannt. Abends hat meine Schwester dann auch immer noch Tagebuch geschrieben oder Briefchen an ihre Freundinnen – ich glaube bei euch sind das jetzt eher SMS. oder? Sie hat das dann am Tag gemacht – und an ihrem Schreibtisch und nicht mehr im Bett. Das hat ihr schon wirklich geholfen.

Arbeitsblatt 4: Schlafhygieneregeln

Bei den grauen Schlafhygieneregeln handelt es sich um die wichtigsten Regeln.
Diese solltest du nach und nach alle umsetzen.

Checkliste:	Mach ich schon	Mach ich noch nicht	Will ich noch machen
Goldene Regel: »Das Bett ist nur zum Schlafen da!«, nicht um zu telefonieren, fernzusehen, zu lernen, zu essen, Computer zu spielen, …	☐	☐	☐
Schlafrhythmus: Steh immer zu der gleichen Zeit auf und gehe immer zur gleichen Zeit ins Bett. Je geringer der Unterschied zwischen deinen Aufsteh- und Zubettgehzeiten ist, desto besser. Der Unterschied sollte im Idealfall nicht größer als ½–1 Stunde sein.	☐	☐	☐
Computer und Fernseher: Schalte mindestens 1 Stunde vor dem Schlafengehen deinen Fernseher, Computer und ähnliche Geräte aus.	☐	☐	☐
Mittagsschlaf: Ein »gutes« Nickerchen dauert höchstens 10–20 Minuten und findet vor 17.00 Uhr statt. Am besten stellst du dir einen Wecker, damit du nach 20 Minuten auch wirklich wieder aufwachst.	☐	☐	☐
Uhr am Bett: Entfern deine Uhr vom Bett oder dreh sie so, dass du nachts die Uhrzeit nicht ablesen kannst.	☐	☐	☐
Sonne am Morgen: Es ist gut, am Morgen möglichst viel Sonnenlicht zu »tanken«. In der Nacht sollte dein Zimmer möglichst dunkel sein, damit dein Körper weiß, dass es jetzt Zeit ist zu schlafen.	☐	☐	☐
Müde werden: Wenn du am Abend zu spät müde wirst, dann kannst du versuchen, deinen Körper umzutrainieren: • Geh jeden zweiten Tag 15 Min. früher ins Bett. • Bleib konsequent! • Mach dies so lange, bis du zur gewünschten Uhrzeit einschläfst. • Geh von da an immer zur gleichen Zeit ins Bett	☐	☐	☐

Checkliste:	Mach ich schon	Mach ich noch nicht	Will ich noch machen
Nicht-schlafen-Können: Steh wieder auf, wenn du länger als 15 Minuten nicht einschlafen kannst, spätestens aber, wenn du anfängst, dich darüber zu ärgern oder zu grübeln.	☐	☐	☐

2.1.2 Schlafhygiene tagsüber

Schlafhygiene am Tag

Fernsehen/PC-Spiele

Wenn du fernsiehst oder Computer spielst, werden viele deiner Sinne gleichzeitig angeregt: Hören, Sehen und Fühlen (z. B. dann, wenn ein Film sehr spannend oder aber auch sehr traurig ist). Dein Gehirn muss diese ganzen Eindrücke aufnehmen, sortieren und speichern. Auch wenn du mit dem Fernsehen oder Computerspielen aufgehört hast, ist dein Gehirn noch eine ganze Weile damit beschäftigt, alle diese Bilder, Töne usw. zu verarbeiten – an Ruhe und Schlafen ist dann erst mal nicht zu denken!

Tipp: Schalte **mindestens 1 Stunde** vor dem Schlafengehen deinen Fernseher, Computer und ähnliche Geräte aus. So hat dein Gehirn genug Zeit, die Eindrücke zu verarbeiten und zur Ruhe zu kommen.

Mittagsschläfchen

Tipp: Ein »gutes« Nickerchen dauert höchstens 10–20 Minuten und findet vor 17.00 Uhr statt. Am besten stellst du dir einen Wecker, damit du nach 20 Minuten auch wirklich wieder aufwachst.

Mittagsschläfchen können gut oder schlecht für deinen Schlaf in der Nacht sein – je nach Zeitpunkt und Dauer. Wenn man zu lang oder zu spät am Nachmittag oder sogar am frühen Abend schläft, wird man am Abend erst sehr spät müde und es kann schwierig werden, zu der gewünschten Zeit einzuschlafen.

Uhr am Bett

> **Tipp:** Entfern deine Uhr vom Bett oder dreh sie so, dass du nachts die Uhrzeit nicht ablesen kannst.

Falls du eine Uhr am Bett stehen hast, solltest du diese entfernen oder so hinstellen, dass du sie nachts nicht siehst. Wenn man nicht schlafen kann, kann es ganz schön stressig sein, zu sehen, wie viel Uhr es schon wieder ist (»Schon wieder 2 Uhr, ich bekomme heute Nacht wieder nicht genug Schlaf!«).

Schlafhygiene bei der Schlafplanung

2.1.3 Schlafhygiene bei der Schlafplanung

Sonne am Morgen

> Nun kennst du ja meine Schwester Anna schon ein wenig aus meinen Erzählungen. Was wir noch herausbekommen haben war, dass sie gerne den Rollladen total zu gemacht hat, so dass es stockdunkel war. Am Morgen wurde sie dann trotz Wecker nur sehr schwer wach. Den ganzen Morgen über kämpfte sie dann damit, richtig aufzuwachen, doch es dauerte immer sehr lange, bis sie einigermaßen fit war. Das war in der Schule richtig blöd, weil die Lehrer immer dachten, sie wäre nicht interessiert. Aber ganz besonders schlimm war es am Wochenende, wenn sie keinen Wecker gestellt hat. Dann schlief sie sehr lange, während ich schon längst von der Sonne geweckt wurde. Am Abend, wenn ich dann schon längst im Bett war, war sie trotz ihrer morgendlichen Schwierigkeiten, in Schwung zu kommen, nicht müde und hatte die bekannten Probleme einzuschlafen. Kannst du dir vorstellen, warum meine Schwester solch starke Schlafprobleme hatte? Und warum schlief sie am Wochenende so viel länger als ich?

Woher weiß mein Körper, wann er schlafen soll und wann er wach sein soll?

Dein Körper weiß, wann er schlafen soll und wann er wach sein soll, indem er sich an so genannten **Zeitgebern** orientiert. Ein Zeitgeber ist ein Hinweis aus deiner Umgebung, der deinem Körper sagt, was gerade dran ist: schlafen oder wach sein.

Der wichtigste Zeitgeber ist das **Licht**. Das Licht sagt deinem Körper, wann der Tag beginnt und er wach werden sollte. Ohne das Licht ist es für Anna schwierig, morgens rechtzeitig wach zu werden und abends zur Schlafenszeit einzuschlafen.

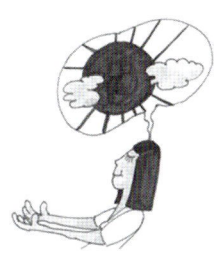

Tipp: Es ist gut, am Morgen möglichst viel Sonnenlicht zu »tanken«. Dadurch weiß dein Körper, dass er um diese Zeit richtig wach und leistungsfähig werden soll. In der Nacht solltest du in einem möglichst dunklen Zimmer schlafen, damit dein Körper weiß, dass es jetzt Zeit ist, zu schlafen.
Neben dem Licht gibt es noch weitere Zeitgeber wie z. B. das Klingeln deines Weckers. Wenn diese Zeitgeber deinem Körper regelmäßig die nötigen Informationen geben, dann helfen sie deinem Körper, den richtigen Schlaf-Wach-Rhythmus zu finden.
Du kannst dir das so vorstellen, als hättest du in deinem Körper eine »innere Uhr«. Diese Uhr muss in regelmäßigen Abständen von den Zeitgebern neu gestellt werden, damit sie dem Körper die richtige Zeit anzeigt.
Wenn ihr also einen regelmäßigen Tagesrhythmus habt, immer zur gleichen Zeit zu Mittag und Abend esst und euer Wecker immer zur gleichen Zeit klingelt, dann helft ihr eurem Körper, einen guten Schlaf-Wach-Rhythmus zu finden. Fällt das alles weg, dann weiß der Körper überhaupt nicht mehr, wann er wach sein soll und wann er schlafen soll.

2.2 Von den Eulen und den Lerchen

Vielleicht hast du schon mal gehört, dass es unter den Menschen Eulen und Lerchen gibt?

Langschläfer und Frühaufsteher

Eulen sind am Abend noch lange fit, gehen gern spät ins Bett und kommen morgens nur schwer in Schwung. Besonders für Eulen kann es schwierig sein, genug Schlaf zu bekommen, wenn sie erst spät am Abend einschlafen, morgens aber für die Schule oder Arbeit früh aufstehen müssen.

Lerchen gehen gern früh ins Bett und sind morgens fit und leistungsfähig. Sie haben es so morgens meist viel besser, fühlen sich in der Schule am Morgen meist wacher und auch leistungsfähiger. Aber sie werden in der Regel abends dann auch schnell müde und wollen nicht bis in die Puppen auf sein.

Wenn du zu den Eulen gehörst, dann kannst du deinem Körper helfen, ein wenig früher einzuschlafen und morgens besser aus den Federn zu kommen, indem du die Tipps zur Schlafplanung beachtest. Aber auch für die Lerchen sind diese Tipps sehr wichtig.

Schlafrhythmus

2.2.1 Schlafrhythmus: Regelmäßige Aufstehzeit und regelmäßige Zubettgehzeit

Indem du immer zur gleichen Zeit aufstehst und ins Bett gehst, ermöglichst du deinem Körper, einen gleichmäßigen Schlaf-Wach-Rhythmus zu finden. Die Aufstehzeit ist dabei besonders wichtig, da sie als »Ankerpunkt« für deinen Körper dient.

> **Tipp:** Steh immer zu der gleichen Zeit auf und geh immer zur gleichen Zeit ins Bett. Je geringer der Unterschied zwischen deinen Aufsteh- und Zubettgehzeiten ist, desto besser.
> Der Unterschied sollte im Idealfall nicht größer als ½–1 Stunde sein.

Regelmäßige Aufstehzeit

> **Soll ich auch dann zur gleichen Zeit aufstehen, wenn ich schlecht geschlafen habe?**
> Ja, die regelmäßige Aufstehzeit gilt auch dann, wenn du schlecht geschlafen hast. Es ist besser, aufzustehen, als noch eine Weile im Bett zu dämmern. Dieser Dämmerzustand hat nämlich keine erholsame Wirkung mehr, bringt dafür aber deinen Schlaf-Wach-Rhythmus durcheinander.

Kann ich am Wochenende länger schlafen?

Auch am Wochenende solltest du höchstens eine Stunde länger schlafen als unter der Woche. Generell gilt: Je kleiner der Unterschied zwischen deinen Aufstehzeiten ist, desto besser kann sich dein Körper merken, wann es Zeit ist, wach zu sein und sich darauf vorbereiten.

Wusstet ihr schon, dass ...
... das »Ausschlafen am Wochenende« für euren Körper nicht sehr erholsam ist? Dies liegt daran, dass man am Morgen mehr Zeit im Traum-Schlaf verbringt, in dem man nicht sehr tief und erholsam schläft. Außerdem werden hier im Körper Stoffe produziert, die für den Körper stressig sind. Diese Stoffe führen dazu, dass ihr euch nach dem Ausschlafen nicht so gut fühlt und ihr eventuell schlechtere Laune habt.

Regelmäßige Zubettgehzeiten

Tipp: Geh immer zur gleichen Zeit ins Bett. Je kleiner der Unterschied zwischen deinen Zubettgehzeiten ausfällt, desto besser. Der Unterschied sollte allerdings nicht größer als ½–1 Stunde sein.

Es ist wichtig, dass du immer ungefähr zur gleichen Zeit ins Bett gehst, damit dein Körper seinen regelmäßigen Schlaf-Wach-Rhythmus finden kann. Für den Körper ist es sehr leicht, später ins Bett zu gehen. Das Problem dabei ist, dass sich dabei dein Schlaf-Wach-Rhythmus nach hinten verschiebt und du am nächsten Tag noch später müde wirst. In den folgenden Tagen wieder früher ins Bett zu gehen, ist dann sehr schwer. Daher gilt auch hier: Du solltest in Ausnahmefällen höchstens eine halbe bis eine Stunde später ins Bett gehen.

Müde werden

Was soll ich machen, wenn ich morgens immer müde bin, aber am Abend eigentlich gut einschlafe?

Bekommt jemand zu wenig Schlaf ohne es zu merken, kann Müdigkeit am Tag ein Hinweis darauf sein. Manche Menschen merken näm lich gar nicht, dass sie eigentlich schlafen gehen sollten, da sie ihren Körper schon völlig auf »lange wach bleiben« traininert haben. Daher kann es sein, dass man seinen Körper wieder umtrainieren muss, um rechtzeitig müde zu werden. Wenn jemand z. B. immer erst 23.00 Uhr einschläft, aber früher schlafen sollte, um genug Schlaf zu bekommen, dann gibt es die Möglichkeit, den Körper an eine frühere Zubettgehzeit zu gewöhnen: Man sollte dann jeden zweiten Tag 15 Minuten früher ins Bett gehen. Es ist dabei wichtig, dass man wirklich konsequent ist. Die Zubettgehzeit wird dabei so lange nach vorne verschoben, bis man rechtzeitig einschläft. Von da an soll man dann immer zur gleichen Zeit ins Bett gehen!

Tipp: Wenn du am Abend zu spät müde wirst, dann kannst du deinen Körper umtrainieren:

- Geh jeden zweiten Tag 15 Min. früher ins Bett.
- Bleib konsequent!
- Mach dies so lange, bis du zur gewünschten Uhrzeit einschläfst.
- Geh von da an immer zur gleichen Zeit ins Bett.

Wusstet ihr schon, dass …
… Personen mit einem regelmäßigen Schlaf-Wach-Rhythmus sich bei gleicher Schlafmenge wacher und erholter fühlen, als Personen, die einen unregelmäßigen Schlaf-Wach-Rhythmus haben?

Nicht-schlafen-Können

Wenn du am Abend/in der Nacht im Bett liegst und länger als 15 Minuten nicht einschlafen kannst bzw. wenn du anfängst dich darüber aufzuregen oder zu grübeln, dann solltest du kurz aufstehen. Denn wenn du im Bett liegen bleibst, dann lernt dein Körper, dass dein Bett mit dem Nicht-schlafen-Können verbunden ist.

Wenn du aufstehst, solltest du dich außerhalb deines Bettes hinsetzen und ruhige Musik oder die Imaginations-CDs hören bzw. gar nichts machen. Such dir einen festen Platz aus, an den du jedes Mal gehst, wenn du aufstehst. Solch ein fester Platz (ein »Grübelort«) hilft deinem

Körper, die Gedanken und Sorgen an diesem Ort zu lassen, wenn du später wieder ins Bett gehst. Außerdem solltest du nachts kein Licht oder nur ein schwaches Licht anmachen, damit du deinen Körper nicht wieder wach machst. Beschäftige dich nicht mit etwas Spannendem, sonst merkst du eventuell nicht, dass du wieder müde wirst. Denn sobald du müde wirst, solltest du zurück ins Bett gehen.

Tipp: Steh wieder auf, wenn du länger als 15 Minuten nicht einschlafen kannst:

- Setz dich auf deinen »Grübelort«.
- Beschäftige dich evtl. mit etwas Ruhigem (Musik/Imaginations-CD)
- Mach kein oder nur ein kleines Licht an.
- Gehe wieder ins Bett, wenn du müde wirst.

Sitzung 2 – Inhaltlicher Einstieg

Arbeitsblatt 5: Feldexperiment zur Schlafhygiene

Wenn du dich an einem Tag an deinen Vorsatz gehalten hast, kreuz »ja« an. Wenn du dich nicht an deinen Vorsatz gehalten hast, kreuz »nein« an.

Was nehme ich mir vor?	Wochentag						
	Mo	Di	Mi	Do	Fr	Sa	So
Goldene Regel	ja	ja	ja	ja	ja	ja	ja
	nein	nein	nein	nein	nein	nein	nein
Schlafrhythmus	ja	ja	ja	ja	ja	ja	ja
	nein	nein	nein	nein	nein	nein	nein
	ja	ja	ja	ja	ja	ja	ja
	nein	nein	nein	nein	nein	nein	nein
	ja	ja	ja	ja	ja	ja	ja
	nein	nein	nein	nein	nein	nein	nein
	ja	ja	ja	ja	ja	ja	ja
	nein	nein	nein	nein	nein	nein	nein
	ja	ja	ja	ja	ja	ja	ja
	nein	nein	nein	nein	nein	nein	nein

Das Feldexperiment

Feldexperiment

Experimentalplan Feldexperimente		
Feld-experiment	**Punkte**	√
Imaginations-übung »Selbst-hypnose«	• Üb wie schon letzte Woche die Imagination. • Wenn du in Trance gehst und dein Tier triffst, dann versuche, es ganz intensiv zu spüren. Wie sieht es aus? Wie riecht es? Welche Geräusche macht es? Wie fühlt es sich an? Vielleicht verändert es sich ja auch von Mal zu Mal und gibt dir genau das, was du gerade brauchst? Kannst du seine Kraft und Sicherheit spüren? Beschützt es dich? Vielleicht ist es auch ganz verschmust und hält dich warm? • Mal dein Tier und bring es zur nächsten Sitzung mit!	Pro Übungstag darfst du dir 1 Forscherpunkt einkleben	
Schlaf-hygiene-regeln	• Schreib dir auf dem Arbeitsblatt vier neue Regeln auf, d. h., Regeln, die du vor dem Training noch nicht umgesetzt hast, die du aber gerne umsetzen möchtest. • Notiere jeden Tag, ob du die Regeln eingehalten hast, oder ob es nicht so geklappt hat.	Umsetzung versucht: 1 Forscherpunkt *Oder* Umsetzung geschafft: 2 Forscherpunkte Mögliche Sonderpunkte: 1 Schweinehund-Punkt	
Schlaf-tagebuch	• Ausfüllen und beim nächsten Treffen mitbringen		

Sitzung 4: Jugendsitzung 3

Sitzung 4 – Inhaltlicher Einstieg

4.1 Sleep Lab für Schlafumgebung

Lab für Schlafhygiene II	Lab für Schlafumgebung & Vorbereitung auf die Nacht	Lab für Schlafhygiene I
Lab für Ängste & Sorgen	Lab für Imagination oder Hypnose	Lab für gestörten Schlaf
Lab für Stress	Lab für Alpträume	Lab für gesunden Schlaf
Lab für Progressive Muskelentspannung	Privates Sleep Lab	Herzlich Willkommen in meinem Sleep Lab!

4.1 Sleep Lab für Schlafumgebung

4.1.1 Warum ist die Schlafumgebung wichtig für deinen Schlaf?

Schlafumgebung

Um zu verstehen, warum dein Schlafplatz so wichtig für deinen Schlaf ist, musst du dich zunächst in eine Zeit zurückversetzen, in der die Menschen noch im Freien gelebt und Mammuts gejagt haben.

Damals war es ziemlich gefährlich, sich schlafen zu legen, weil man dann eine leichte Beute für wilde Tiere war, von denen es damals noch viele gab.

Im Schlaf bekommt man normalerweise ja nicht mit, wenn sich ein Tier anschleicht, und man kann sich auch nicht so gut wehren. Deshalb haben sich die Menschen Schlafplätze gesucht, an denen sie sicherer waren. Sie haben es sich zum Beispiel auf den Bäumen, in Höhlen oder im Gebüsch hingelegt und konnten so, tiefer und ruhiger schlafen.

Heutzutage gibt es natürlich nicht mehr so viele wilde Tiere, zumindest bei uns in Deutschland nicht, und wir wohnen auch in sicheren Häusern. Dein Gehirn weiß aber von damals immer noch, dass man **tiefer** und **ruhiger** schlafen kann, wenn man an einem Ort ist, an dem man sich **sicher** und **wohl** fühlt. Wenn du deinen Schlafplatz also so einrichtest, dass du dich sicher und geborgen fühlst, lässt dich dein Gehirn tiefer und ruhiger schlafen.

> *Neuer Schlafplatz, neues Glück* ☺ ...
> Wenn du deinen Schlafplatz umgestaltest, erinnert sich dein Gehirn nicht mehr so gut daran, dass es an diesem Ort früher nicht gut schlafen konnte. Deine neue Schlafumgebung ist also nicht durch schlechtes Schlafen vorbelastet, weshalb es dir wahrscheinlich leichter fallen wird, dort gut zu schlafen. Es kann sein, dass du dich zuerst ein paar Tage an die neue Umgebung gewöhnen musst, aber dann hilft dir der Schlafplatz, besser zu schlafen!

4.1.2 Wie soll dein Schlafplatz aussehen?

Schlafplatz

Schreib auf, was du an deinem Schlafplatz verändern möchtest, um dich dort sicherer und wohler zu fühlen.

Arbeitsblatt 6a: Schlafplatz

Wie soll dein Schlafplatz aussehen?

Hier kannst du aufschreiben, was du an deinem Schlafplatz verändern möchtest, um dich dort sicherer und wohler zu fühlen:

1. _____

   _____

   _____

2. _____

   _____

   _____

3. _____

   _____

   _____

4. _____

   _____

   _____

4.1 Sleep Lab für Schlafumgebung

Arbeitsblatt 6b: Schlafumgebung

Wie sieht dein neuer Schlafplatz aus?
   Beschreibe oder male hier deinen Schlafplatz nach der Veränderung. Du kannst auch ein Foto von deinem Schlafplatz einkleben.

Sitzung 4

4.1.3 Und jetzt noch die drei großen L …

Luft rein!

Für einen guten Schlaf ist es außerdem wichtig, dass es im Zimmer nicht zu warm und nicht zu kalt ist und dass du genügend Luft zum Atmen hast.

> Es lohnt sich also, das Zimmer vor dem Schlafengehen für mindestens ¼ Stunde gut zu lüften.

Lärm raus!

In dem Zimmer, in dem du schläfst, sollte es möglichst ruhig sein, denn alle Geräusche, die dein Ohr aufnimmt, müssen vom Gehirn verarbeitet werden. Dein Gehirn wird aktiv und lässt dich nicht einschlafen.

> Deshalb solltest du dafür sorgen, dass es in deinem Zimmer möglichst still ist, z. B. indem du deine Zimmertür schließt oder deine Eltern bittest, den Fernseher leiser zu stellen.

Licht aus!

In unserem Körper gibt es einen ganz bestimmten Stoff, das sogenannte Melatonin, der dafür sorgt, dass du einschlafen kannst. Wenn es hell ist, wird der Melatonin-Hahn zugedreht und du wirst wach. Ist es dunkel, wird der Melatonin-Hahn aufgedreht, das Melatonin strömt in den Körper und erleichtert dir das Einschlafen. Wenn es nachts aber hell in deinem Zimmer ist, z. B. weil Licht von der Straße durch dein Fenster scheint, wird der Melatonin-Hahn nicht aufgedreht und du kannst nicht einschlafen.

> Deshalb ist es wichtig, das Zimmer so dunkel wie möglich zu machen, z. B. indem man den Rollladen ganz runter lässt, die Vorhänge zuzieht, die Zimmertür schließt oder leuchtende Gegenstände, wie z. B. eine Uhr, entfernt.
>
> Morgens kannst du dir das Licht zunutze machen. Achte darauf, dass du dich etwa ½ Stunde im Tageslicht aufhältst, z. B. durch einen Spaziergang oder dadurch, dass du zu Fuß zur Schule/Arbeit gehst.

4.2 Das Zubettgehritual

Zubettgehritual

> Für den menschlichen Körper ist es wichtig, ein Signal zu erhalten, das ihm mitteilt, wann es Zeit ist, sich auf das Schlafen einzustellen. Indem eine Person in der Zeit vor dem Zubettgehen immer die **gleichen Dinge** in der **gleichen Reihenfolge** tut, gibt sie ihrem Körper diese Signale.
> Gerade für Personen mit Schlafstörungen, aber auch für gute Schläfer, ist es wichtig sich ein Zubettgehritual zu überlegen, das jeden Abend gleich abläuft. Überleg dir ein ganz persönliches Zubettgehritual. Es ist dabei egal, ob dein Ritual im Bad anfängt oder erst wenn du schon fertig fürs Bett bist. Wichtig ist nur, dass dein Ritual **außerhalb des Bettes** geschehen sollte und dass es sich um **ruhige Dinge** handelt, bei denen du abschalten und zur Ruhe kommen kannst. Dein Ritual sollte nicht länger als 30 Minuten in Anspruch nehmen.

Sitzung 4 – Inhaltlicher Einstieg

Arbeitsblatt 7: Das Zubettgehritual

Mein neues Zubettgehritual

4.3 Sleep Lab für Schlafhygiene II

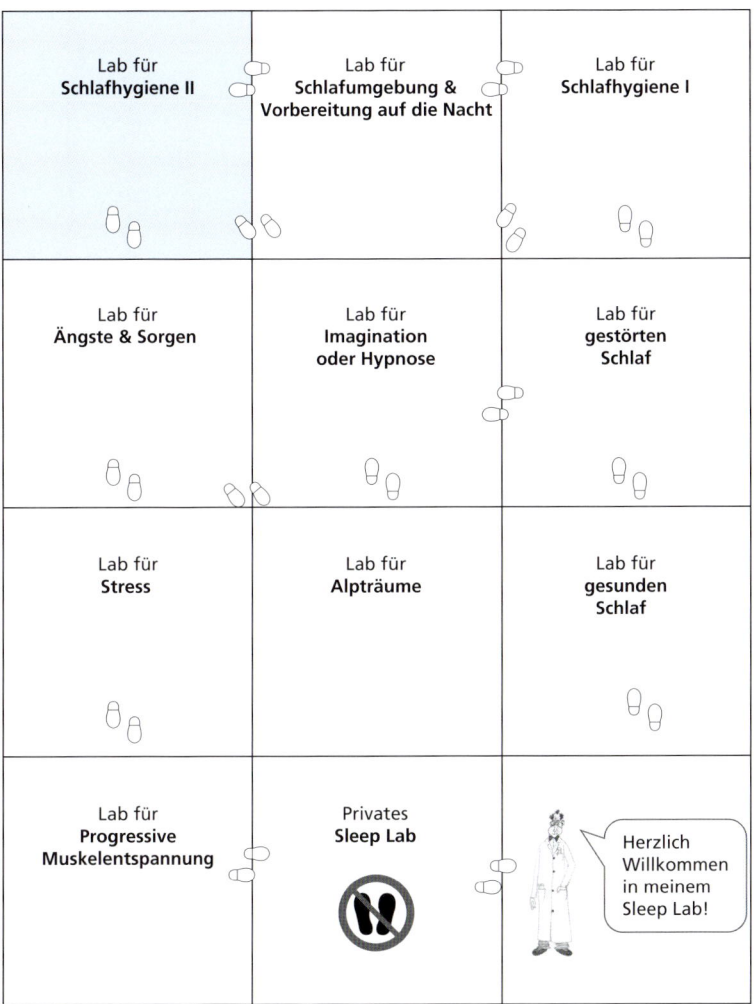

Im Laufe des Trainings hast du ja schon einige Schlafhygieneregeln kennengelernt. Im Folgenden wollen wir dir noch ein paar weitere vorstellen, die für dich vielleicht wichtig sind.

4.3.1 Essen und Trinken

Ernährung

Wenn du am Abend viel und schwer isst, kann dies deinen Schlaf stören. Dein Körper ist dann nämlich noch lange mit der Verdauung beschäftigt und kann nicht zur Ruhe kommen. Bestimmte Nahrungsmittel enthalten schlafförderliche Substanzen (z. B. warme Milch oder

Bananen) und eignen sich daher besser als leichter Snack vor dem Zubettgehen.

Viel Trinken am Abend führt dazu, dass man nachts häufiger auf die Toilette muss.

> **Tipp:** Ideal ist es, wenn du ca. **1–2 Stunden** vor dem Schlafengehen zu Abend isst. Dann hat dein Körper genug Zeit für die Verdauung. Trinken solltest du regelmäßig über den Tag verteilt.

Sport **4.3.2 Bewegung**

Sport ist für deinen Schlaf gut, denn er macht deinen Körper auf gesunde Weise müde. Meistens ist es besser, während des Tages Sport zu treiben, da Sport am Abend deinen Körper eventuell so richtig in Schwung bringt, so dass es dir schwer fällt einzuschlafen. Es gibt aber auch Menschen, die nach dem Sport wunderbar schlafen. Das muss jeder für sich selbst herausfinden.

> **Tipp:** Treib regelmäßig Sport. Wenn du nach dem Sport aufgedreht bist und nicht gut schlafen kannst, solltest du eher morgens oder nachmittags Sport machen.

Koffein **4.3.3 Koffein**

Es ist allgemein bekannt, dass Koffein wach macht. Diese wachmachende Wirkung des Koffeins kann sehr lange anhalten. Das heißt, man kann dann abends schlecht einschlafen und der Schlaf ist auch weniger erholsam.

Tipp: Verzichte auf koffeinhaltige Lebensmittel:

- Kaffee, Cappuccino usw.
- Schwarztee, Grüntee
- Energydrinks, Eistee
- Schokolade am Abend

4.3.4 Alkohol

Alkohol

Schon geringe Mengen Alkohol, z. B. ein Bier, können den Schlaf stören. In der ersten Nachthälfte unterdrückt der Alkohol deinen REM-Schlaf, wodurch es dann in der zweiten Nachthälfte, wenn die Wirkung des Alkohols nachlässt, zu dem sogenannten Jojo-Effekt kommt: Nachdem man zunächst weniger REM-Schlaf hat als gewöhnlich, hat man, wenn die Alkoholwirkung nachlässt, mehr REM-Schlaf als normalerweise. Der Schlaf ist dadurch weniger tief und erholsam, man wacht häufiger auf und kann schlechter wieder einschlafen.

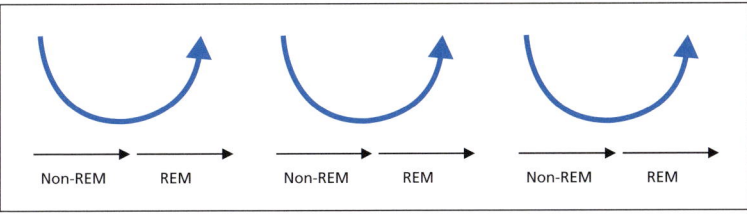

Abb. 8: Schlaf ohne Alkohol

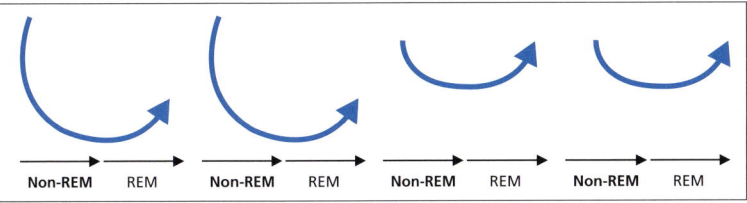

Abb. 9: Schlaf mit Alkohol

> **Tipp:** Am besten ist es, wenn du gar keinen Alkohol trinkst. Ansonsten solltest du mindestens drei Stunden vor dem Schlafengehen nichts mehr trinken. Bei kleinen Mengen Alkohol (z. B. ein Bier) bleibt so genug Zeit, diesen abzubauen und der Schlaf wird nicht gestört.

Nikotin, Drogen, Medikamente

4.3.5 Nikotin, Drogen und Medikamente

Nikotin führt dazu, dass man häufiger wach wird und es verringert den REM-Schlaf, der ja wichtig für das Lernen und das Gedächtnis ist.

> **Tipp:** Am besten für den Körper und den Schlaf ist es, gar nicht zu rauchen. Wenn du doch rauchst, dann solltest du einige Stunden vor dem Schlafengehen und auch nachts darauf verzichten.
> Fast alle Drogen haben neben den bekannten schädlichen Wirkungen auf das Gehirn und den Körper auch eine Beeinträchtigung des Schlafs zur Folge. Hasch/Cannabis führt zu einer Unterdrückung des REM-Schlafs. Bei LSD kommt es zu einem immer wieder unterbrochenen, nicht erholsamen Schlaf. Ecstasy (Partypillen) und Kokain wirken wachmachend, und man schläft entweder gar nicht oder viel schlechter.

> **Tipp:** Auch bestimmte Medikamente können den Schlaf beeinträchtigen oder verändern. Das trifft z. B. auf manche Allergie-Medikamente und bestimmte Herz-Medikamente zu.

4.3 Sleep Lab für Schlafhygiene II

Tipp: Wenn du den Verdacht hast, dass ein Medikament, das du nimmst, eine schlechte Wirkung auf deinen Schlaf haben könnte, solltest du die Packungsbeilage lesen und mit deinem Arzt darüber reden.

Arbeitsblatt 8: Feldexperiment zur Schlafhygiene

Die beiden wichtigsten Schlafregeln haben wir bereits für dich eingetragen. Die anderen kannst du frei wählen. Du kannst bei denen aus der letzten Woche bleiben oder dir neue aussuchen. Notiere dir, welche Schlafhygieneregeln du dir zusätzlich vornimmst. Wenn du dich an einem Tag an deinen Vorsatz gehalten hast, kreuze »ja« an. Wenn du dich nicht an deinen Vorsatz gehalten hast, kreuze »nein« an.

Was nehme ich mir vor?	Wochentag						
	Mo	**Di**	**Mi**	**Do**	**Fr**	**Sa**	**So**
Goldene Regel	ja	ja	ja	ja	ja	ja	ja
	nein	nein	nein	nein	nein	nein	nein
Schlafrhythmus	ja	ja	ja	ja	ja	ja	ja
	nein	nein	nein	nein	nein	nein	nein
	ja	ja	ja	ja	ja	ja	ja
	nein	nein	nein	nein	nein	nein	nein
	ja	ja	ja	ja	ja	ja	ja
	nein	nein	nein	nein	nein	nein	nein
	ja	ja	ja	ja	ja	ja	ja
	nein	nein	nein	nein	nein	nein	nein
	ja	ja	ja	ja	ja	ja	ja
	nein	nein	nein	nein	nein	nein	nein

Experimentalplan Feldexperiment

Feldexperiment

Feld-experiment		Punkte	√
Imaginationsübung »Red Ballon«	• Üb bis zum nächsten Mal die neue Imagination.	Pro Übungstag darfst du dir 1 Forscherpunkt einkleben	
Schlafhygieneregeln	• Wie jede Woche sollst du auch dieses Mal wieder deine Schlafhygieneregeln umsetzen. • Schreib dir auf, welche Regeln du weiter einhalten willst und welche neu dazukommen (Arbeitsblatt 8).	Umsetzung versucht: 1 Forscherpunkt *Oder* Umsetzung geschafft: 2 Forscherpunkte Mögliche Sonderpunkte: 1 Schweinehund-Punkt	
Schlafumgebung	• Gestalte deine Schlafumgebung um. • Setz dabei die Ideen vom Arbeitsblatt 6a um oder sammle neue Ideen. • Halte auf dem Arbeitsblatt 6b fest, was du geändert hast.	Gedanken um die Umsetzung gemacht und diese aufgeschrieben: 1 Forscherpunkt Ideen umgesetzt und aufgeschrieben: 1 zusätzlicher Forscherpunkt Mögliche Sonderpunkte: 1 Einstein-Punkt	
Zubettgehritual	• Überleg dir ein Zubettgehritual und schreibe es auf dem Arbeitsblatt 7 auf. • Notiere jeden Abend auf dem Schlafprotokoll, ob du dein Ritual eingehalten hast.	Zubettgehritual ausgedacht und aufgeschrieben: 1 Forscherpunkt Ritual regelmäßig durchgeführt: 1 zusätzlicher Forscherpunkt	
Schlaftagebuch	• Ausfüllen und beim nächsten Treffen mitbringen		

Sitzung 5: Jugendsitzung 4

Sitzung 5 – Inhaltlicher Einstieg

5.1 Sleep Lab für Ängste und Sorgen

Lab für **Schlafhygiene II**	Lab für **Schlafumgebung & Vorbereitung auf die Nacht**	Lab für **Schlafhygiene I**
Lab für **Ängste & Sorgen**	Lab für **Imagination oder Hypnose**	Lab für **gestörten Schlaf**
Lab für **Stress**	Lab für **Alpträume**	Lab für **gesunden Schlaf**
Lab für **Progressive Muskelentspannung**	Privates **Sleep Lab**	Herzlich Willkommen in meinem Sleep Lab!

5.1.1 Die Macht der Gedanken …

Das, was wir denken, hat unglaublichen Einfluss auf uns. Wenn wir denken, dass uns in einer dunklen Gasse jemand überfallen wird, dann werden wir ganz angespannt und fangen meist an, schneller zu gehen. Denken wir, dass wir bei Freunden sind, die uns nichts tun, sondern uns beschützen würden, sind wir ganz entspannt. Es hat also eine Auswirkung, wenn man sich in seiner Phantasie die unterschiedlichen Dinge ausmalt.

> Setz dich bequem hin und stell dir nun Folgendes vor:
> Du findest eine wunderbare Insel. Auf dieser Insel sitzt du am Strand und schaust auf das Wasser, das wunderbar blau ausschaut. Einfach phantastisch. Und wenn du genau hinhörst, dann kannst du die Wellen hören, wie sie an den Strand gespült werden … hin und her … und ganz leicht rauschen. Und wahrscheinlich kannst du sogar die Vögel oben am Himmel sehen, die langsam am blauen Himmel kreisen. Und am besten ist die wohltuende Wärme der Sonne auf deiner Haut – genau richtig. Genau so warm, dass es angenehm ist. Und wenn du einatmest, dann riechst du den typischen Geruch des Meeres und kannst vielleicht sogar auf deinen Lippen das Salz schmecken und vielleicht gehst du langsam ins Wasser, das warm ist … und ganz klar … nur die Goldpartikel des Sandes glitzern im Sonnenlicht … du legst dich auf deinen Rücken und lässt dich einfach von den Wellen treiben … dann merkst du, dass um dich herum lauter Delphine sind … sie keckern freundlich … und gleiten geschmeidig durch das Wasser … wenn du die Hand ausstreckst, kannst du ihre glatten, kühlen Körper berühren … einer der Delphine lässt es sogar zu, dass du dich an seiner Rückenflosse festhältst … ihr gleitet zusammen durch das Wasser … und du fühlst dich ganz sicher … dann tauchst du langsam unter die Wasserfläche ab in eine Traumwelt … und du weißt, dass der Delphin dich rechtzeitig und sicher wieder zurückbringen wird…

5.1.2 Dein privates Kopfkino

Kopfkino

Diese Begabung, eine Art Mini-Kinofilm im Kopf zu drehen, hat jeder. Manche mehr und manche weniger. Zum Entspannen und Einschlafen hilft dies gut, denn so kann man sich in schöne, entspannte und nette Orte träumen. Das Beste ist, dass diese Orte gar nicht real sein müssen, es kann einfach auch ein Phantasieort sein. Wichtig dabei ist, dass es nicht zu hektisch wird, denn dann werden alle eure Denk- und Problemlösehelfer aktiv und das verhindert den Schlaf.

Dein privates Kopfkino sollte:

- eine Situation darstellen, in der du dich ganz entspannt, glücklich und wohl fühlen kannst.
- Das Bild sollte nur für dich da sein, also sollten auch keine anderen Personen darin vorkommen, weil du dich eventuell irgendwann im wirklichen Leben mit ihnen streitest.

- Es kann sich bei deinem Bild um einen Phantasieort oder eine schöne Erinnerung handeln, z. B. an einen schönen Urlaub, oder ganz frei von dir erfunden werden.
- Sei dabei so kreativ wie du möchtest. Was siehst du denn in deinem Lieblingsbild? Was fühlst du? Riechst du vielleicht etwas Angenehmes? Was hörst du? Was schmeckst du?
- Wenn du dir dein Lieblingsbild vorstellst, ist es wichtig, dass du dir eine ganz ruhige Umgebung ausdenkst, in der du richtig schön entspannen kannst.

Arbeitsblatt 9: Mein privates Kopfkino

Hier sollst du reinschreiben oder reinmalen, wie deine Phantasieorte sein könnten. Vielleicht ist es am Meer, in den Bergen, in einer Höhle oder aber auf einer Wiese oder an einer Hütte oder auf einer Lichtung im Wald oder gar auf dem Meeresgrund, auf einem anderen Planeten? Du siehst – es gibt unzählige Möglichkeiten.

5.1.3 Die Macht der Gedanken – dunkle Gedanken verändern

Dunkle Gedanken

Es ist wichtig, dunkle Gedanken erkennen zu können und diese dann auch zu vertreiben. Dunkle Gedanken entstehen aufgrund unterschiedlicher Gegebenheiten. Manchmal wegen eines Ereignisses (z. B. wenn man in Mathe eine 5 geschrieben hat) oder auch aufgrund von Befürchtungen (z. B. wenn man Angst hat, dass die Freundin einen nicht mehr mag). Bestimmt kennst du auch solche Situationen, in denen du im Bett liegst und anfängst, dir Sorgen zu machen. Typisch dafür ist, dass man sich die Sorgen meist in den schillerndsten Farben vorstellt und eine Sorge die nächste nach sich zieht.

> »Was passiert, wenn ich Mathe nicht bis zur Arbeit kapiere? Dann bekomme ich wieder eine schlechte Note und Stress mit meinen Eltern, dann sind sie total enttäuscht von mir. Und dann …«

Gedankenkreisläufe Da du in solch einem Moment oft nicht wirklich etwas gegen deine Probleme tun kannst, kann es leicht dazu kommen, dass sich die Gedanken wie auf einem Gedankenkarussell immer schneller um das Problem drehen, ohne dass du zu einer Lösung kommst.

Sorgen Gerade weil uns Sorgen häufig nicht gut schlafen lassen, versuchen viele Menschen einfach, **wie ein Vogelstrauß** den Kopf in den Sand zu stecken und die Sorgen zu verdrängen. Diese Strategie funktioniert auch oft ganz gut, so lange man sich mit anderen Dingen ablenken kann, oder die Sorgen nicht zu groß sind. Sobald man sich aber ins Bett legt und zur Ruhe kommt, können diese Sorgen zurückkommen. Dann geistern sie im Kopf herum und stören den Schlaf.

Dass jeder Mensch mal Sorgen hat, ist ja klar. Wusstest du aber, dass fast jeder Mensch zu irgendeinem Zeitpunkt seines Lebens aufgrund seiner Sorgen vorübergehend ein Schlafproblem bekommt?

5.1.4 Was kann ich gegen meine Sorgen tun?

Die Sorgenkiste

Sorgenkiste

Manchmal machen wir uns um Dinge Sorgen, auf die wir im Moment gar keinen Einfluss haben. Oder uns kommt eine Sorge riesig vor, obwohl sie vielleicht gar nicht so schlimm ist. Vielleicht sorgen wir uns aber auch um Kleinigkeiten, die es eigentlich gar nicht wert sind, sich deswegen den Kopf zu zerbrechen. Dann kann es sinnvoll sein, diese Sorgen für einige Zeit beiseite zu legen und später nochmals nachzuschauen, wie sie sich entwickelt haben.

Hier kann es helfen, sich eine »Sorgenkiste« zu basteln. Wenn dich aktuelle Sorgen quälen, dann kannst du sie einfach auf einen Zettel schreiben und in deine Sorgenkiste legen. So kannst du besser abschalten und für eine Weile nicht mehr an diese denken. Ein paar Tage später kannst du dann die Sorgenkiste öffnen und nachschauen, wie sich deine Sorgen entwickelt haben. Oft zeigt sich in solch einer Situation, dass sich das Problem von selbst geklärt hat und es gut war, sich deswegen nicht verrückt zu machen. Oder aber deine Sorgen erscheinen dir plötzlich viel kleiner und du kannst besser damit umgehen. Natürlich kannst du anstelle einer Sorgenkiste auch ein Tagebuch führen oder etwas anderes finden, um deine Sorgen darin für eine Weile abzulegen.

Die **Sorgenkiste** ist übrigens auch sehr praktisch, wenn du nachts im Bett liegst und es nicht schaffst, deine Gedanken abzustellen. Dann kannst du kurz aufstehen, die Sorge aufschreiben und in die Sorgenkiste legen. Oder in Gedanken die Sorgen in der Kiste verstauen. So kannst du wieder in Ruhe ins Bett gehen und dich am nächsten Tag um diese Dinge kümmern

> Es ist übrigens ganz normal, dass die eine oder andere Sorge sich immer wieder hartnäckig zurück in dein Bett mogelt. Ärgere dich nicht darüber, sondern schicke sie einfach wieder zurück in die Sorgenkiste, so wie du auch bei der Hypnose deine Gedanken wieder einfängst, wenn sie auf Wanderschaft gehen. Auch Menschen, die gut schlafen, haben manchmal Sorgen im Bett.

Grübelzeit und Grübelort

Es ist gut, wenn du dir jeden Tag kurz überlegst, ob es etwas gibt, das dir Sorgen bereitet. Dabei ist es wichtig, dies am Tag zu tun und nicht damit zu warten, bis du im Bett liegst. Denn wenn du schon während des Tages vom Sorgenkarussell abgesprungen bist, kannst du dich abends viel besser entspannen und musst dich nicht im Bett mit deinen Sorgen herumschlagen.

> Übrigens eignet sich als **Grübelzeit** auch Tagebuchschreiben. Auch das ist hilfreich und hilft dir, die Sorgen loszuwerden, denn durch das Niederschreiben kann man die Sorgen ein klein wenig loswerden. Du weißt ja, dass meine Schwester das immer gerne gemacht hat. Sie hat das dann auch weitergeführt – nur nicht im Bett – und das ist das Wichtige daran – nicht im Bett. Du kannst dir aber auch einen »**Grübelort**« suchen, an dem du über deine Probleme nachdenken kannst. Bei uns war das immer ein großer alter Schaukelstuhl draußen auf der Veranda – manchmal saßen wir dann sogar im Herbst oder im Winter da draußen und haben nachgedacht. So konnten wir gut überlegen, was denn nun zu tun ist. Und das Bett bleibt für das Schlafen!

Unwettergedanken und sonnige Gedanken

Diese Strategie eignet sich für Probleme, die du im Moment gar nicht oder zumindest nicht alleine lösen kannst. Die gute Nachricht ist, dass man Sorgen vielleicht nicht immer lösen, dafür aber immer ein wenig beeinflussen kann: nämlich durch positive Gedanken!

Es gibt »Unwettergedanken«, die dazu führen, dass wir immer trauriger, nervöser, ängstlicher oder ärgerlicher werden und die unsere Sorgen immer größer erscheinen lassen. Durch Unwettergedanken wird dein Sorgenkarussell immer schneller angeschoben.

Es gibt aber auch »sonnige Gedanken, die Lichtstrahlen durch die Unwetterwolken hindurchschicken können. Diese sonnigen Gedanken führen dazu, dass das Karussell langsamer fährt oder dass wir sogar ganz abspringen können. Sonnig sind all die Gedanken, die Sorgen kleiner werden lassen und uns helfen, besser mit ihnen umzugehen.

Diese sonnigen Gedanken können wir uns bewusst herholen. Der Trick dabei ist, zwar zu sehen, dass es etwas gibt, das dir Sorgen macht, dich von diesen Unwettergedanken aber nicht unterkriegen zu lassen. Anstelle dessen kannst du versuchen einen Gedanken zu finden, der wie ein Sonnenstrahl deine Gewitterwolke durchbricht und ein bisschen Licht in die düstere Atmosphäre bringt.

Wenn du Unwettergedanken in sonnige Gedanken umwandelst, ist es wichtig, dass du dir selbst die sonnigen Gedanken glaubst. Glaubst du sie nicht, dann ist es auch kein guter Gedanke, der dir hilft. Denn dann sagt ja immer eine innere Stimme: »Das stimmt doch gar nicht.« Und dann kann die Strategie nicht wirken.

Sitzung 5 – Inhaltlicher Einstieg

Arbeitsblatt 10: Unwettergedanken in sonnige Gedanken umwandeln

Suche dir ein paar deiner Sorgen aus, bei denen du üben möchtest, deine Unwettergedanken in sonnige Gedanken umzuwandeln:

Unwettergedanken ⇒	Sonnige Gedanken
Z. B. jetzt kann ich schon wieder nicht einschlafen und bin dann morgen todmüde!	**Unwettergedanke durch einen Sonnenstrahl ersetzen:** Aber ich habe ja schon gemerkt, dass ich oft recht fit bin am Tag trotz einer schlechten Nacht. Darum brauche ich mir deswegen keine Sorgen zu machen.
	Unwettergedanke durch einen Sonnenstrahl ersetzen:
	Unwettergedanke durch einen Sonnenstrahl ersetzen:
	Unwettergedanke durch einen Sonnenstrahl ersetzen:

Gedanken-Mal-Bild ***Mein Gedanken-Mal-Bild***

Du hast ja vorhin schon gelernt, dass du deinen Körper und deine Stimmung durch deine Gedanken beeinflussen kannst. Wenn du also denkst, »Ich kann schon wieder nicht schlafen, ich werde morgen total müde sein!«, dann regt dich das wahrscheinlich auf und du wirst noch länger brauchen, bis du endlich einschläfst. Wenn Du es aber schaffst, positive, sonnige Gedanken zu denken, hat das einen positiven Einfluss und du wirst viel eher einschlafen können.

Neben den sonnigen Gedanken gibt es noch eine Sache, die besonders gut hilft, schnell wieder einzuschlafen:

5.1 Sleep Lab für Ängste und Sorgen

> Meine Kollegen und ich haben herausgefunden, dass es Menschen, wenn sie nicht einschlafen können, oft hilft, wenn sie sich etwas vorstellen.
> Wenn dich also doch mal die Sorgen in deinem Bett überfallen, kannst du **an ein Bild denken** und in ihm umherspazieren, es mit immer mehr Details ausschmücken und so dein Sorgenkarussell bremsen oder sogar ganz anhalten. Wichtig dabei ist aber, dass deine Gedanken beschäftigt sind. Das Bild, das du dir vorstellst, sollte dabei immer genau gleich aufgebaut werden.
> Man kann sich alles Mögliche vorstellen. Meine Schwester liebt Phantasiefiguren. Diese malte sie sich dann immer im Kopf aus. Das Wichtige ist jedoch, dass man **immer an derselben Stelle anfängt**. Sie hat z. B. immer mit den Schuhen angefangen, dann kamen die Beine und dann der Rumpf und schließlich die Arme und der Kopf. Dann wieder von vorne … Füße …
> Auf diese Weise ist dein Gehirn beschäftigt und schlägt sich nicht mit den Sorgen herum.

Dein Gedanken-Mal-Bild sollte:

- eine Figur oder Situation darstellen, die für dich ganz entspannt ist, wo du dich glücklich und wohl fühlen kannst.
- Das Bild sollte nur für dich da sein, also sollten auch keine anderen Personen darin vorkommen, weil du dich eventuell irgendwann mit ihnen im wirklichen Leben streitest.
- Es kann sich bei deinem Bild um eine Phantasiefigur oder eine schöne Erinnerung handeln.
- Sei dabei so kreativ wie du möchtest. Was siehst du denn in deinem Lieblingsbild? Was fühlst du? Riechst du vielleicht etwas Angenehmes? Was hörst du? Was schmeckst du?
- Wenn du dir dein Lieblingsbild vorstellst, ist es wichtig, dass du dir eine ganz ruhige Umgebung ausdenkst, in der du richtig schön entspannen kannst.

Am Anfang kann es sein, dass es dir schwer fällt, so ein Bild zu erfinden. Das ist ganz normal, übe einfach weiter. Mit der Zeit wirst du lernen, dich beim Malen des Gedanken-Bildes immer besser in den Schlaf zu träumen. Es geht vor allem darum, dass du dir schöne Gedanken machst und dich wohl fühlst.

Wenn du merkst, dass deine Gedanken woanders hinwandern, dann kann es dir helfen, wenn du laut oder in Gedanken sagst: »**Stopp!**« Dadurch kannst du verhindern, dass du ins Grübeln kommst. Ärgere dich nicht darüber, wenn du mit den Gedanken abschweifst. Sag einfach »Stopp!« und richte deine Gedanken wieder auf dein Bild. Dadurch behältst du die Kontrolle.

Übrigens – die Stopp-Technik funktioniert auch mit dem privaten Kopfkino.

 **Tipp:** Häng dir ein kleines Stoppschild neben dein Bett. Wenn deine Gedanken abschweifen, kannst du dich mit einem Blick an deinen Gedankenstopp erinnern und zu deinem Bild zurückkehren.

Du kannst dir auch verschiedene schöne Bilder ausdenken. Wenn du am Tag anfängst, dir dein Bild vorzustellen, dann wird es dir in der Nacht, wenn du es brauchst, leichter fallen, dein Gedanken-Bild zu malen und dich in den Schlaf zu träumen.

5.2 Sleep Lab für Alpträume

Lab für **Schlafhygiene II**	Lab für **Schlafumgebung & Vorbereitung auf die Nacht**	Lab für **Schlafhygiene I**
Lab für **Ängste & Sorgen**	Lab für **Imagination oder Hypnose**	Lab für **gestörten Schlaf**
Lab für **Stress**	Lab für **Alpträume**	Lab für **gesunden Schlaf**
Lab für **Progressive Muskelentspannung**	**Privates Sleep Lab**	Herzlich Willkommen in meinem Sleep Lab!

5.2.1 Alpträume

> Es gab auch eine Zeit, in der meine Schwester regelmäßig Alpträume hatte. Sie träumte jede Nacht, dass eine dunkle Gestalt sie verfolgt, so dass ihr das Einschlafen wirklich schwer fiel. Anfangs fiel es ihr sogar schwer, mir von ihrem Traum zu erzählen, aber als sie sich überwunden hat, ist ihr bewusst geworden, dass sie keine Angst gehabt hätte, wenn ich im Traum bei ihr gewesen wäre. Deshalb empfehle ich euch, euren Alptraum zu malen oder aufzuschreiben, so dass ihr danach die Möglichkeit habt, eure Geschichte zu verändern, indem euch z. B. jemand zur Hilfe eilt. Dabei ist es euch überlassen, wer kommen soll und wie viele Helfer ihr braucht, um euch wohl zu fühlen. Außerdem könnt ihr auch euer Krafttier dazu ziehen oder euch ein Alternativbild vorstellen.

Arbeitsblatt 11: Feldexperiment zur Schlafhygiene

Die beiden wichtigsten Schlafregeln haben wir bereits für dich eingetragen. Die anderen kannst du frei wählen. du kannst bei denen aus der letzten Woche bleiben oder dir neue aussuchen.

Notiere dir, welche Schlafhygieneregeln du dir zusätzlich vornimmst. Wenn du dich an einem Tag an deinen Vorsatz gehalten hast, kreuz »ja« an. Wenn du dich nicht an deinen Vorsatz gehalten hast, kreuze »nein« an.

Was nehme ich mir vor?	Wochentag						
	Mo	Di	Mi	Do	Fr	Sa	So
Goldene Regel	ja	ja	ja	ja	ja	ja	ja
	nein	nein	nein	nein	nein	nein	nein
Schlafrhythmus	ja	ja	ja	ja	ja	ja	ja
	nein	nein	nein	nein	nein	nein	nein
	ja	ja	ja	ja	ja	ja	ja
	nein	nein	nein	nein	nein	nein	nein
	ja	ja	ja	ja	ja	ja	ja
	nein	nein	nein	nein	nein	nein	nein
	ja	ja	ja	ja	ja	ja	ja
	nein	nein	nein	nein	nein	nein	nein
	ja	ja	ja	ja	ja	ja	ja
	nein	nein	nein	nein	nein	nein	nein

Experimentalplan Feldexperiment

Feldexperiment

Feld-experiment	Punkte	√
Imagination »Kugel«	• Üb die Imagination	Pro Übungstag darfst du dir 1 Forscherpunkt einkleben	
Schlaf-hygiene-regeln	• Schreib dir auf das Arbeitsblatt 11 auf S. 78 die Regeln auf, die du auch in der nächsten Woche wieder einhalten möchtest. • Notiere dir außerdem, welche Regeln du zusätzlich hierzu einhalten willst. • Trage jeden Tag ein, ob du die Regeln eingehalten hast, oder ob es nicht so geklappt hat.	Umsetzung versucht: 1 Forscherpunkt *Oder* Umsetzung geschafft: 2 Forscherpunkte Mögliche Sonderpunkte: 1 Schweinehund-Punkt	
Privates Kopfkino	• Mal oder beschreib dein Lieblingsbild bzw. privates Kopfkino in das Arbeitsblatt 9.	Kopfkino ausgedacht und geübt: 1 Forscherpunkt	
Grübelzeit, Grübelort, Sorgenkiste → Ihr solltet mind. eine dieser Strategien ausprobieren	• Überleg dir, wann du deine Grübelzeit machen möchtest. • Falls du noch keinen Grübelort gefunden hast, solltest du dir einen aussuchen. • Besorg dir eine Sorgenkiste bzw. überlege dir eine Alternative zur Sorgenkiste.	Mind. eine Strategie geübt: 1 Forscherpunkt	
Sonnige Gedanken	• Versuch bei mind. einer Situation deine Unwettergedanken in sonnige Gedanken umzuwandeln. • Schreib alles auf das Arbeitsblatt 10.	Umwandlung durchgeführt und aufgeschrieben: 1 Forscherpunkt	
Gedanken-Mal-Bild	• Mal in deinen Gedanken ein Bild, beginne immer an der gleichen Stelle. • Vergiss dabei nicht, am Tag zu üben, damit du es in der Nacht dann richtig gut einsetzen kannst!	Lieblingsbild ausgedacht und geübt: 1 Forscherpunkt	
Schlaf-tagebuch	• Ausfüllen und beim nächsten Treffen mitbringen		

Sitzung 6: Jugendsitzung 5

Sitzung 6 – Inhaltlicher Einstieg

6.1 Sleep Lab für Stress

Lab für Schlafhygiene II	Lab für Schlafumgebung & Vorbereitung auf die Nacht	Lab für Schlafhygiene I
Lab für Ängste & Sorgen	Lab für Imagination oder Hypnose	Lab für gestörten Schlaf
Lab für Stress	Lab für Alpträume	Lab für gesunden Schlaf
Lab für Progressive Muskelentspannung	Privates Sleep Lab	Herzlich Willkommen in meinem Sleep Lab!

6.1 Sleep Lab für Stress

Arbeitsblatt 12: Was ist Stress?   Stress

Stress zeigt sich in deinen Gedanken, Gefühlen, in deinem Verhalten und in deinem Körper. Schreib in die Wolken, was bei dir passiert, wenn du Stress hast.

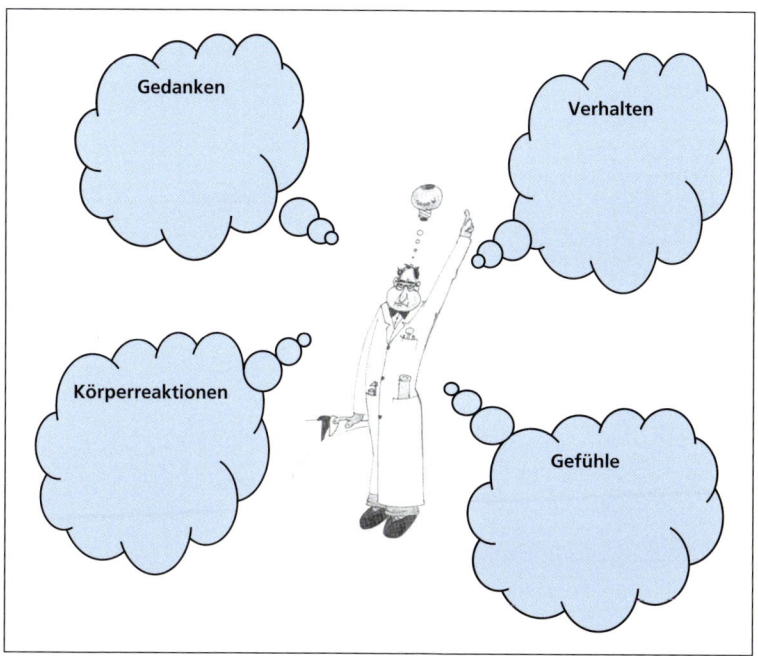

6.1.1 Wozu ist Stress gut?

Wusstest du schon, dass …
… vor vielen Jahren Stress für die Menschen überlebenswichtig war?

Stress sorgt dafür, dass alle Energiereserven im Körper eines Menschen zum Einsatz kommen. Der Mensch wird dadurch wacher, kann sich besser konzentrieren und schneller reagieren. Außerdem hat man dann für eine bestimmte Zeit mehr Kraft und mehr Ausdauer. Wurden die Menschen früher z. B. von einem wilden Tier bedroht, half ihnen der Stress, im Kampf stärker zu sein oder schneller flüchten zu können. Das ist so, als würde man ein Stück Traubenzucker essen, um für eine bestimmte Zeit mehr leisten zu können.

Heutzutage ist man nicht mehr so häufig in Lebensgefahr wie damals, aber der Stress hat immer noch eine wichtige Aufgabe.

Sitzung 6 – Inhaltlicher Einstieg

Wenn du z. B. morgens auf deinem Schulweg merkst, dass du wahrscheinlich zu spät zu deiner Klassenarbeit kommst, kann Stress entstehen. Deine Energievorräte kommen dann zum Einsatz, wodurch du schneller laufen oder besser überlegen kannst, ob es vielleicht eine Abkürzung gibt.

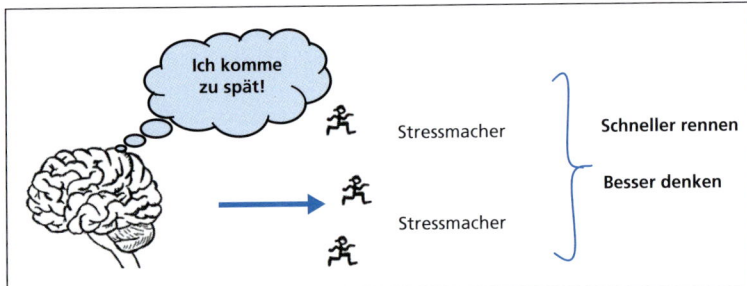

Wusstest du schon, dass ...
... es auch eine Form von Stress gibt, den man als angenehm empfindet, den sogenannten **Eu-Stress** (z. B. wenn man sich so sehr auf den Urlaub freut, dass man ganz aufgeregt ist)?
Aber Achtung: Auch Eu-Stress kann den Schlaf stören!

Stress und Schlaf

6.1.2 Wann kann Stress Schlafprobleme verursachen?

Stress hat also viele Vorteile und ist in bestimmten Situationen sogar überlebenswichtig. Manchmal kann der Stress aber auch sehr unangenehm werden, z. B. wenn man zu viele Aufgaben erledigen muss oder wenn die Aufgaben so schwer sind, dass man sie nicht lösen kann. Dann sind Geist und Körper ständig am Arbeiten und es wird mit der Zeit ziemlich schwer, sich zu entspannen.

Wenn du an einem Tag z. B. lange Schule hast, noch zum Fußballtraining oder in den Musikunterricht musst und auch noch Hausaufgaben zu erledigen sind, müssen dein Geist und dein Körper ziemlich viel leisten. Am Abend sind Kopf und Körper dann wahrscheinlich so gestresst, dass sie sich kaum entspannen können. Da Entspannung eine wichtige Voraussetzung für Schlaf ist, bekommst du wahrscheinlich Probleme mit dem Einschlafen.

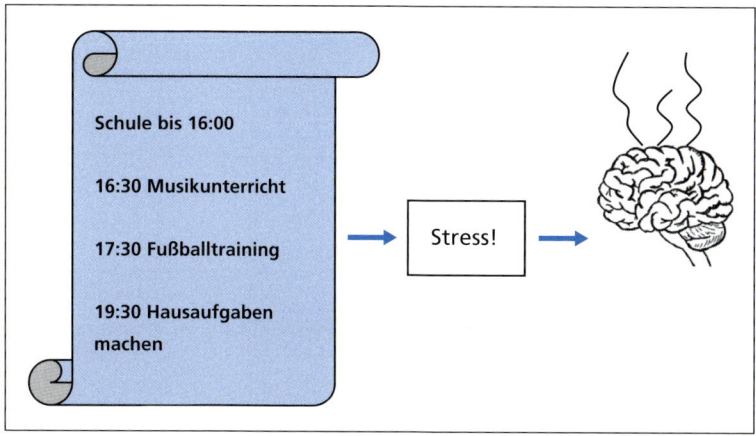

Wenn du Streit mit deinem Freund oder deiner Freundin hast, kann das auch stressig sein. Abends geht dir der Streit vielleicht noch durch den Kopf und du hast ein schlechtes Gefühl. Das kann dann auch das Einschlafen erschweren.

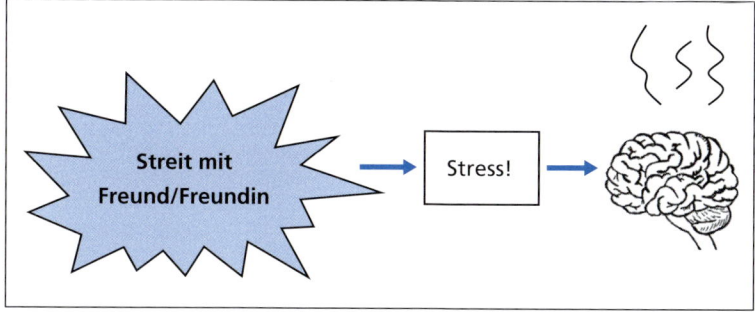

Sitzung 6 – Inhaltlicher Einstieg

Arbeitsblatt 13: Was ist für dich stressig?

Schreib im Stressbarometer Situationen auf, die für dich stressig sind. 100 ist die Situation, in der du am meisten Stress hast, 50 die, in der du mittelmäßigen Stress hast und 0 bedeutet, dass du in der Situation gar keinen Stress hast.

Stress-O-Meter

6.1.3 Die Lösungstreppe

In der folgenden Tabelle findest du die Problemlösungstreppe von Emma. Sie hat folgendes Problem:

1. Stufe	**Was genau ist mein Problem?** • Was muss sich ändern, damit es mir besser geht? • Wenn es mehrere Probleme gibt, suche ich mir eines aus, von dem ich denke: »Es ist zwar nicht ganz leicht zu lösen, aber ich glaube, ich kann es schaffen.« • Wenn das Problem aus vielen kleinen Problemen besteht, fange ich mit einem dieser kleinen Probleme an. *Meine Freundin ist sauer auf mich und ich würde mich gerne wieder mit ihr vertragen.*
2. Stufe	**Brainstorming – welche Lösungsmöglichkeiten fallen mir ein?** • Schreib alle Lösungsmöglichkeiten auf, die dir einfallen. • Schreib mindestens zwei Lösungsideen auf, die dir total verrückt erscheinen. • Wenn du möchtest, frag nach, welche Lösungsideen deine Freunde oder Eltern haben. Du kannst auch überlegen, was du einem guten Freund raten würdest, wenn er mit diesem Problem zu dir käme. *Ich rufe sie an und entschuldige mich.* *Ich schreibe eine SMS und frage, ob wir uns wieder vertragen.* *Ich warte ab, wie sie sich am nächsten Tag in der Schule verhält.* *Am nächsten Tag in der Schule lächle ich sie freundlich an und tue so, als sei nichts gewesen.* *Meine Schwester schlägt vor, dass ich ihr ein kleines Geschenk mache und vor die Tür lege.*
3. Stufe	**Welches sind die Top 3 meiner Lösungsmöglichkeiten?** • Schau dir jede Lösungsidee an und überleg, welche Vor- und Nachteile sie hat. • Schreib alle Lösungsideen in eine Reihe, die beste nach oben, die schlechteste nach unten. Markiere die drei besten Lösungsmöglichkeiten. • Wähl aus den drei besten Lösungsmöglichkeiten diejenige aus, die du als Erstes ausprobieren möchtest. *1. Ich rufe sie an und entschuldige mich.* *2. Ich schreibe eine SMS und frage, ob wir uns wieder vertragen.* *3. Ich lege ihr ein kleines Geschenk vor die Tür.* *»Ich rufe sie an und entschuldige mich.«, ist deshalb Nr. 1 geworden, weil ich das gleich machen kann und dann auch direkt herausfinde, ob meine Freundin mir verzeiht.*

Sitzung 6 – Inhaltlicher Einstieg

4. Stufe **Was genau muss ich tun, um meine Lösungsidee umzusetzen und mein Ziel zu erreichen?**
- Schreib auf/überlege dir, was du genau tun musst, um deine Lösungsidee in die Tat umzusetzen.
- Üb das, was du vorhast, vorher mit einem Freund/einer Freundin oder jemandem aus deiner Familie.
- Überleg dir, welche Hindernisse sich dir in den Weg stellen könnten und was du dann tun möchtest.

Ich muss Emmas Nummer raussuchen und mir vorher überlegen, was ich sage. Dann setze ich mir noch eine Frist: Bis spätestens 17.00 Uhr will ich es erledigt haben. Dann schiebe ich es nicht so lang vor mir her und nehme das Problem nicht mit ins Bett.

5. Stufe **Bilanz – wie hat es geklappt?**
a. Was hat gut geklappt, was weniger gut?
b. Wie nahe bin ich meinem Ziel gekommen?
c. Bin ich mit dem Ergebnis zufrieden?

Zuerst habe ich mir ein wenig Zeit gelassen, weil es mir sehr unangenehm war, dort anzurufen. Um 16.30 habe ich mich dann doch aufgerafft und so in etwa das gesagt, was ich mir vorgenommen habe. Meine Freundin war am Anfang ziemlich sauer, hat dann aber meine Entschuldigung akzeptiert. Mein Plan hat also gut geklappt, meine Freundin hat mir verziehen. Ich nehme mir aber trotzdem vor, ihr noch ein kleines Geschenk mitzubringen, weil sie schon noch ein bisschen sauer ist.

Das Feldexperiment

> So, das war die Theorie. Jetzt müssen wir nur noch herausfinden, wie das Ganze im Alltag funktioniert.
> In welcher Situation möchtest du die Lösungstreppe in der nächsten Woche mal ausprobieren? Nimm dir auch vor, die Lösungstreppe bei einem Problem zu testen, das unerwartet kommt. Dafür kannst du das nächste Arbeitsblatt verwenden.

Arbeitsblatt 14: Die Lösungstreppe

1. Stufe

2. Stufe

3. Stufe

4. Stufe

5. Stufe

Achtung:
Arbeite mit der Lösungstreppe immer außerhalb des Bettes! Schließ deine Arbeit mit der Lösungstreppe ab, bevor du mit deinem Zubettgehritual beginnst!

6.2 Sleep Lab für Progressive Muskelentspannung

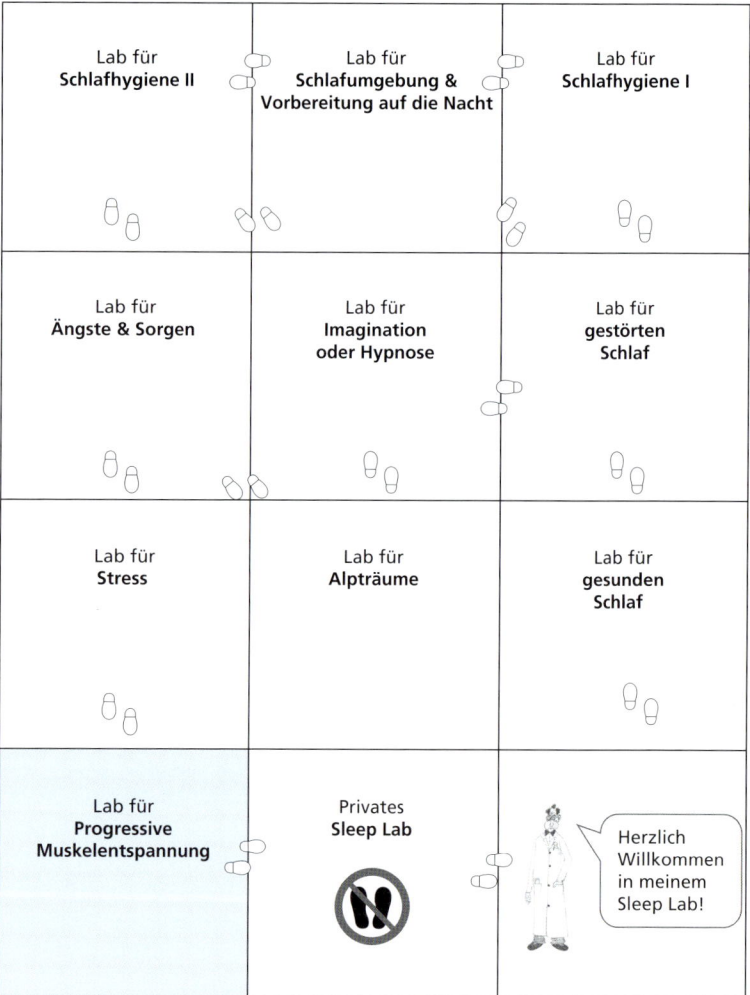

In diesem Labor kannst du eine Methode testen, mit der man sich vor dem Einschlafen, aber auch tagsüber entspannen kann. Vor allem dann, wenn dir die Hypnosen nicht so liegen, ist das eine gute Alternative!

6.2.1 Progressive Muskelentspannung nach Jacobson

Progressive Muskelentspannung

Mein Kollege Herr Jacobson hat beobachtet, dass man körperlich ganz angespannt ist, wenn man unruhig, gestresst oder ängstlich ist. Daraufhin ist er auf die Idee gekommen, eine Methode zu entwickeln, mit der man die Muskeln im Körper Schritt für Schritt entspannen kann. Wenn man nämlich seinen Körper entspannt, dann geht es nicht nur dem Körper besser, sondern man wird auch ruhiger, weniger gestresst und ist weniger ängstlich.

Bei der progressiven Muskelentspannung werden nacheinander verschiedene Muskelgruppen des Körpers angespannt und wieder entspannt. Dadurch kannst du lernen, wie sich Anspannung und Entspannung überhaupt anfühlen. Wenn du diese Methode oft genug übst, kannst du deinen Körper irgendwann entspannen, indem du dir vorstellst, wie sich die Entspannung in den verschiedenen Körperteilen anfühlt. Es ist dann nicht mehr notwendig, dass du deine Muskeln vorher anspannst.

In der folgenden Liste kannst du sehen, welche Muskelgruppen es gibt und mithilfe welcher Übungen man sie anspannen kann.

Muskelgruppe		Übung zur Anspannung
Hände und Arme	Hände und Unterarme	Hand zur Faust ballen
	Oberarme	Arme anwinkeln
Füße, Beine und Po	Füße	Zehen einrollen
	Unterschenkel	Fersen auf den Boden stellen, Fußspitzen zeigen zur Decke
	Oberschenkel	Fersen auf den Boden pressen
	Po	Pobacken zusammenkneifen
Schultern und Nacken		Schultern nach oben ziehen, Kopf leicht nach hinten legen
Gesicht	Augenpartie	Augen zukneifen, Nase rümpfen
	Mund und Kiefer	Lippen und Zähne aufeinander pressen
Bauch		Bauch einziehen

Und so funktioniert es ...

In diesem Kasten kannst du nachlesen, was du bei der Progressiven Muskelentspannung tun musst:

> Setz dich bequem hin. Die Beine stehen im rechten Winkel, die Füße haben einen guten Kontakt zum Boden. Die Arme und Hände liegen locker auf deinen Oberschenkeln. Die Augen kannst du schließen oder geöffnet lassen – je nachdem, was dir besser gefällt.
>
> **Gedanken**
> Vielleicht kannst du dir vorstellen, dass deine Gedanken Wolken sind, die über den Himmel ziehen. Sie kommen und gehen wieder.
>
> **Atmung**
> Atme tief ein ... und wieder aus ... und wieder ein ... und aus ... ein ... und aus.
>
> **Hände, Unterarme, Oberarme**
> Rechte Hand zur Faust ballen → Anspannung kurz spüren (langsam von 1–3 zählen) → Faust öffnen → Entspannung spüren (langsam von 1–10 zählen). Linke Hand zur Faust ballen → Anspannung kurz spüren (1–3) → Faust öffnen → Entspannung spüren (1–10).
> Beide Arme anwinkeln → Anspannung kurz spüren (1–3) → Arme wieder locker lassen → Entspannung spüren (1–10).
>
> **Füße, Beine und Po**
> Die Zehen beider Füße einrollen, die Fersen auf den Boden stellen und die Fußspitzen zur Decke strecken, die Pobacken zusammenkneifen → Anspannung kurz spüren (1–3) → alle Muskeln wieder locker lassen → Entspannung spüren (1–10).
>
> **Schultern und Nacken**
> Die Schultern nach oben ziehen, den Kopf leicht nach hinten legen → Anspannung kurz spüren (1–3) → Schultern wieder fallen lassen, den Kopf nach vorne nehmen → Entspannung spüren (1–10).
>
> **Gesicht**
> Die Augen zusammenkneifen, die Nase rümpfen, Lippen und Zähne zusammenpressen → Anspannung kurz spüren (1–3) → alle Muskelgruppen wieder locker lassen → Entspannung spüren (1–10).
>
> **Bauch**
> Den Bauch einziehen → Anspannung kurz spüren (1–3) → Bauch locker lassen → Entspannung spüren (1–10).
>
> Gehe noch einmal alle Muskeln durch, die du gerade entspannt hast und spür, wie sich diese Teile deines Körpers jetzt anfühlen (30).
> Atme tief ein und wieder aus und versuch, die Entspannung im gesamten Körper zu spüren (20 s).
> Beende langsam die Übung, indem Du dich räkelst und streckst, öffne langsam die Augen.

Tipps für die Durchführung

- Achte darauf, dass du während der Übung nicht gestört wirst (ein Schild an die Tür hängen, den Telefonstecker ziehen bzw. das Handy ausschalten).
- Die Muskeln sollen nur leicht angespannt werden, es darf auf keinen Fall unangenehm werden oder wehtun!
- Die Entspannung sollte immer drei- bis viermal länger dauern als die Anspannung (also z. B. beim Anspannen auf 3 und beim Entspannen auf 10 Zählen).

Sitzung 6 – Inhaltlicher Einstieg

Arbeitsblatt 15: Progressive Muskelentspannung

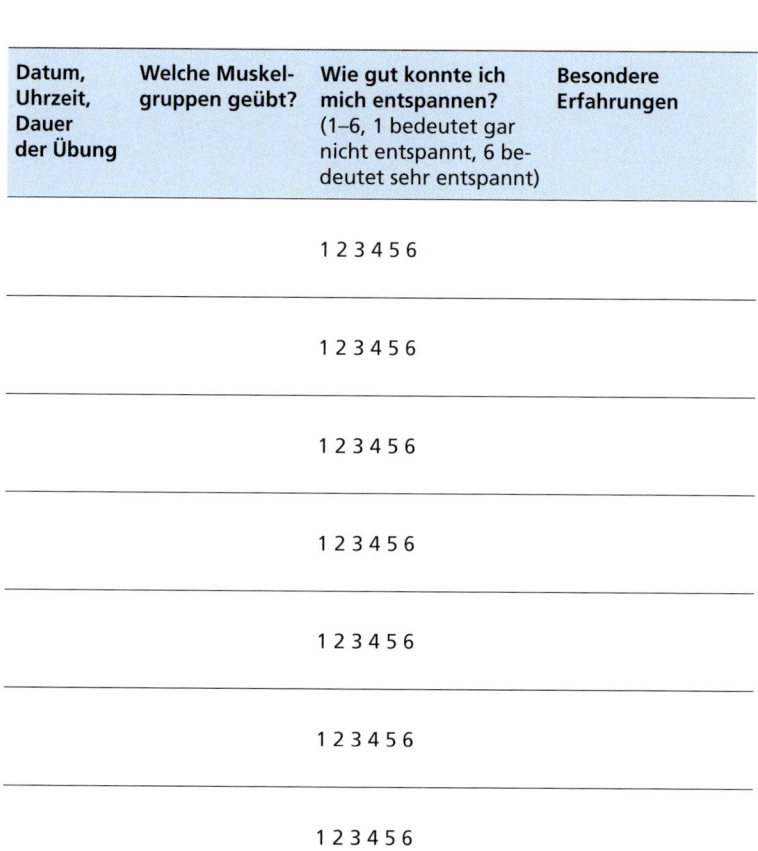

Nachdem du die Methode im Labor getestet hast, steht jetzt wieder ein Feldexperiment an. Damit kannst du herausfinden, ob die Methode alltagstauglich ist.

In früheren Experimenten haben Wissenschaftler herausgefunden, dass die Progressive Muskelentspannung dann am besten wirkt, wenn man sehr geübt darin ist. Deshalb ist es wichtig, dass du jeden Tag ein Feldexperiment durchführst und aufschreibst, wie es war.

Datum, Uhrzeit, Dauer der Übung	Welche Muskelgruppen geübt?	Wie gut konnte ich mich entspannen? (1–6, 1 bedeutet gar nicht entspannt, 6 bedeutet sehr entspannt)	Besondere Erfahrungen
		1 2 3 4 5 6	
		1 2 3 4 5 6	
		1 2 3 4 5 6	
		1 2 3 4 5 6	
		1 2 3 4 5 6	
		1 2 3 4 5 6	
		1 2 3 4 5 6	

Viel Erfolg beim Üben!

6.3 Das private Schlaflabor/das private Sleep Lab

Lab für Schlafhygiene II	Lab für Schlafumgebung & Vorbereitung auf die Nacht	Lab für Schlafhygiene I
Lab für Ängste & Sorgen	Lab für Imagination oder Hypnose	Lab für gestörten Schlaf
Lab für Stress	Lab für Alpträume	Lab für gesunden Schlaf
Lab für Progressive Muskelentspannung	Privates Sleep Lab	Herzlich Willkommen in meinem Sleep Lab!

Mittlerweile hast du schon viele Feldexperimente durchgeführt und bist so zum Experten für deinen eigenen Schlaf geworden. Du hast also inzwischen das nötige Fachwissen, um dein **eigenes Sleep Lab** zu eröffnen.

In deinem eigenen Schlaflabor sollst du all die Strategien und Dinge sammeln, die dir helfen, besser zu schlafen bzw. die Dinge, von denen du glaubst, dass sie dir in Zukunft von Nutzen sein könnten. Wenn du später mal nicht so genau weißt, was du bei einem Problem tun sollst, kannst du einfach einen kurzen Blick in dein Sleep Lab werfen und dich so wieder an die Dinge erinnern, die du hier beim gelernt hast.

Eigenes Sleep Lab

Bei der Eröffnung deines eigenen Sleep Labs sind deiner Phantasie keine Grenzen gesetzt. Du kannst die Strategien in einem Schuhkarton-Labor unterbringen, du kannst sie aber auch in dein Schlaflabortagebuch schreiben oder dir etwas ganz anderes überlegen ...

Schau dir noch mal jedes Labor in deinem Begleitheft an. Überleg dir, welche Strategien dir geholfen haben und welche du vielleicht in Zukunft gebrauchen könntest. Dabei können dir die nächsten beiden Arbeitsblätter helfen.

Arbeitsblatt 16: Meine Hilfsmittel für gutes Schlafen

Hilfsmittel

1. _____
   _____

2. _____
   _____

3. _____
   _____

4. _____
   _____

5. _____
   _____
   _____

Sitzung 6 – Inhaltlicher Einstieg

Hilfsmittel *Arbeitsblatt 17: Meine Hilfsmittel für spezielle Probleme/Situationen*

Problem/Situation	Hilfsmittel

In das nachfolgende Arbeitsblatt 18 kannst du deine Schlafhygieneregeln eintragen, die du in den nächsten vier Wochen einhalten möchtest. Die grau markierten Regeln sind dabei besonders wichtig; diese solltest du auf jeden Fall einhalten.

Zudem hast du vier weitere Arbeitsblätter, Nr. 19–22, für jede Woche eins, in das du eintragen kannst, ob du die Regeln eingehalten hast oder ob du sie nicht eingehalten hast.

Arbeitsblatt 18: Schlafhygieneregeln

Schlafhygieneregeln

Checkliste:	Mach ich	Mach ich noch nicht	Will ich noch machen
Goldene Regel: »Das Bett ist nur zum Schlafen da!«, nicht um zu telefonieren, fernzusehen, zu lernen, zu essen, Computer zu spielen, …	☐	☐	☐
Computer und Fernseher: Schalte mindestens 1 Stunde vor dem Schlafengehen deinen Fernseher, Computer und ähnliche Geräte aus.	☐	☐	☐
Mittagsschlaf: Ein »gutes« Nickerchen dauert höchstens 10–20 Minuten und findet vor 17.00 Uhr statt.	☐	☐	☐
Uhr am Bett: Entfern deine Uhr vom Bett oder dreh sie so, dass du nachts die Uhrzeit nicht ablesen kannst.	☐	☐	☐
Sonne am Morgen: Es ist gut, am Morgen möglichst viel Sonnenlicht zu »tanken«. In der Nacht sollte dein Zimmer möglichst dunkel sein.	☐	☐	☐
Aufstehzeit: Steh immer zu der gleichen Zeit auf. Der Unterschied zwischen deinen Aufstehzeiten sollte im Idealfall nicht größer als ½–1 Stunde sein.	☐	☐	☐
Zubettgehzeit: Geh immer zur gleichen Zeit ins Bett. Der Unterschied zwischen deinen Zubettgehzeiten sollte im Idealfall nicht größer als ½–1 Stunde sein.	☐	☐	☐
Müde werden: Wenn du am Abend zu spät müde wirst, dann kannst du versuchen, deinen Körper umzutrainieren: • Geh jeden zweiten Tag 15 Min. früher ins Bett. • Bleib konsequent! • Mach dies so lange, bis du zur gewünschten Uhrzeit einschläfst. • Geh von da an immer zur gleichen Zeit ins Bett.	☐	☐	☐
Nicht-schlafen-Können: Steh wieder auf, wenn du länger als 15 Minuten nicht einschlafen kannst, spätestens aber, wenn du anfängst, dich darüber zu ärgern oder zu grübeln.	☐	☐	☐

Sitzung 6 – Inhaltlicher Einstieg

Checkliste:	Mach ich	Mach ich noch nicht	Will ich noch machen
Luft rein, Lärm raus, Licht aus: Sorg dafür, dass deine Schlafumgebung angenehm und schlafförderlich ist!	☐	☐	☐
Abendessen: Ideal ist es, wenn du ca. 1-2 Stunden vor dem Schlafengehen zu Abend isst. Trinken solltest du regelmäßig über den Tag verteilt.	☐	☐	☐
Koffein: Verzichte auf koffeinhaltige Lebensmittel.	☐	☐	☐
Sport: Treib regelmäßig Sport. Wenn du nach dem Sport aufgedreht bist und nicht gut schlafen kannst, solltest du nur morgens oder nachmittags Sport treiben	☐	☐	☐
Nikotin: Am besten für den Körper und den Schlaf ist es, gar nicht zu rauchen. Wenn du doch rauchst, dann solltest du einige Stunden vor dem Schlafengehen und auch nachts darauf verzichten.	☐	☐	☐
Alkohol: Am besten ist es, wenn du gar keinen Alkohol trinkst. Ansonsten solltest du mindestens 3 Stunden vor dem Schlafengehen nichts mehr trinken.	☐	☐	☐
Medikamente: Ich nehme keine Medikamente, die meinen Schlaf stören könnten.	☐	☐	☐
Drogen: Drogen sollten natürlich generell tabu sein, insbesondere aber auch dann, wenn du gut schlafen möchtest.	☐	☐	☐

Arbeitsblatt 19: Schlafhygieneregeln Woche 1   Schlafhygieneregeln

Die beiden wichtigsten Schlafregeln haben wir bereits für dich eingetragen. Die anderen kannst du frei wählen. Du kannst bei den Regeln aus den letzten Wochen bleiben oder dir neue aussuchen. Wenn du dich an einem Tag an deinen Vorsatz gehalten hast, kreuz »ja« an. Wenn du dich nicht an deinen Vorsatz gehalten hast, kreuz »nein« an.

Was nehme ich mir vor?	Wochentag						
	Mo	Di	Mi	Do	Fr	Sa	So
Goldene Regel	ja	ja	ja	ja	ja	ja	ja
	nein	nein	nein	nein	nein	nein	nein
Schlafrhythmus	ja	ja	ja	ja	ja	ja	ja
	nein	nein	nein	nein	nein	nein	nein
	ja	ja	ja	ja	ja	ja	ja
	nein	nein	nein	nein	nein	nein	nein
	ja	ja	ja	ja	ja	ja	ja
	nein	nein	nein	nein	nein	nein	nein
	ja	ja	ja	ja	ja	ja	ja
	nein	nein	nein	nein	nein	nein	nein
	ja	ja	ja	ja	ja	ja	ja
	nein	nein	nein	nein	nein	nein	nein

Sitzung 6 – Inhaltlicher Einstieg

Schlafhygieneregeln

Arbeitsblatt 20: Schlafhygieneregeln Woche 2

Die beiden wichtigsten Schlafregeln haben wir bereits für dich eingetragen. Die anderen kannst du frei wählen. Du kannst bei den Regeln aus den letzten Wochen bleiben oder dir neue aussuchen. Wenn du dich an einem Tag an deinen Vorsatz gehalten hast, kreuz »ja« an. Wenn du dich nicht an deinen Vorsatz gehalten hast, kreuz »nein« an.

Was nehme ich mir vor?	Wochentag						
	Mo	Di	Mi	Do	Fr	Sa	So
Goldene Regel	ja	ja	ja	ja	ja	ja	ja
	nein	nein	nein	nein	nein	nein	nein
Schlafrhythmus	ja	ja	ja	ja	ja	ja	ja
	nein	nein	nein	nein	nein	nein	nein
	ja	ja	ja	ja	ja	ja	ja
	nein	nein	nein	nein	nein	nein	nein
	ja	ja	ja	ja	ja	ja	ja
	nein	nein	nein	nein	nein	nein	nein
	ja	ja	ja	ja	ja	ja	ja
	nein	nein	nein	nein	nein	nein	nein
	ja	ja	ja	ja	ja	ja	ja
	nein	nein	nein	nein	nein	nein	nein

6.3 Das private Schlaflabor/das private Sleep Lab

Arbeitsblatt 21: Schlafhygieneregeln Woche 3   Schlafhygieneregeln

Die beiden wichtigsten Schlafregeln haben wir bereits für dich eingetragen. Die anderen kannst du frei wählen. Du kannst bei den Regeln aus den letzten Wochen bleiben oder dir neue aussuchen. Wenn du dich an einem Tag an deinen Vorsatz gehalten hast, kreuz »ja« an. Wenn du dich nicht an deinen Vorsatz gehalten hast, kreuz »nein« an.

Was nehme ich mir vor?	Wochentag						
	Mo	Di	Mi	Do	Fr	Sa	So
Goldene Regel	ja	ja	ja	ja	ja	ja	ja
	nein	nein	nein	nein	nein	nein	nein
Schlafrhythmus	ja	ja	ja	ja	ja	ja	ja
	nein	nein	nein	nein	nein	nein	nein
	ja	ja	ja	ja	ja	ja	ja
	nein	nein	nein	nein	nein	nein	nein
	ja	ja	ja	ja	ja	ja	ja
	nein	nein	nein	nein	nein	nein	nein
	ja	ja	ja	ja	ja	ja	ja
	nein	nein	nein	nein	nein	nein	nein
	ja	ja	ja	ja	ja	ja	ja
	nein	nein	nein	nein	nein	nein	nein

Sitzung 6

Sitzung 6 – Inhaltlicher Einstieg

Schlafhygieneregeln

Arbeitsblatt 22: Schlafhygieneregeln Woche 4

Die beiden wichtigsten Schlafregeln haben wir bereits für dich eingetragen. Die anderen kannst du frei wählen. Du kannst bei den Regeln aus den letzten Wochen bleiben oder dir neue aussuchen. Wenn du dich an einem Tag an deinen Vorsatz gehalten hast, kreuz »ja« an. Wenn du dich nicht an deinen Vorsatz gehalten hast, kreuz »nein« an.

Was nehme ich mir vor?	Wochentag						
	Mo	Di	Mi	Do	Fr	Sa	So
Goldene Regel	ja	ja	ja	ja	ja	ja	ja
	nein	nein	nein	nein	nein	nein	nein
Schlafrhythmus	ja	ja	ja	ja	ja	ja	ja
	nein	nein	nein	nein	nein	nein	nein
	ja	ja	ja	ja	ja	ja	ja
	nein	nein	nein	nein	nein	nein	nein
	ja	ja	ja	ja	ja	ja	ja
	nein	nein	nein	nein	nein	nein	nein
	ja	ja	ja	ja	ja	ja	ja
	nein	nein	nein	nein	nein	nein	nein
	ja	ja	ja	ja	ja	ja	ja
	nein	nein	nein	nein	nein	nein	nein

6.3.1 Mein Belohnungssystem: Ein »Leckerli« für deinen inneren Schweinehund …

Belohnung

Bestimmt erinnerst du dich noch an die erste Stunde, als du dir je eine Belohnung für den Titel des Hilfswissenschaftlers, Doktors oder Professors überlegen solltest. Für solch einen Titel muss man eine ganze Menge machen und immer wieder seinen inneren Schweinehund überwinden. Durch die Belohnung fällt es einem leichter, Dinge zu tun, die im Moment anstrengend sind, da man ein Ziel hat, auf das man hinarbeitet und auf das man sich freut.

> **Jugendliche**
>
> Super – erst habe ich mich für das regelmäßige Aufstehen belohnt – und jetzt klappt es ganz von alleine!

> Das ist so ähnlich wie bei manchen Kindern, die das Fahrradfahren lernen: Oft suchen sich Kinder einen Punkt aus, bis zu dem sie fahren wollen, ohne umzukippen. Diese kleine Strecke zu fahren, ist für sie noch sehr schwer. Wenn sie es dann geschafft haben, ihr Ziel zu erreichen, ist das für sie ein großer Erfolg und sie sind sehr stolz auf sich. Irgendwann können sie dann so gut Fahrrad fahren, dass sie ganz selbstverständlich aufsteigen und losfahren. Das belohnende Ziel (= »Ich schaffe es bis zu dem Baum da vorne.«) hat dazu geführt, dass sie die schwierige Sache (= Fahrrad fahren) so lange geübt haben, bis es ganz selbstverständlich geworden ist.

Beim Schlafen ist das genauso. Viele der Verhaltensweisen, die für deinen Schlaf gut sind, fallen Dir vielleicht am Anfang noch sehr schwer. Damit du auch nach dem Training motiviert bist, weiter zu üben, solltest du dir ein Belohnungssystem für die nächsten vier Wochen überlegen. Du wirst sehen, danach werden viele Dinge für dich ganz selbstverständlich sein, die dir jetzt noch schwer fallen.

Weil es bei Schlafproblemen manchmal ein bisschen dauert, bis sich etwas bessert, ist es wichtig, dass du jetzt am Ball bleibst. Du kannst schon stolz auf das sein, was du bisher geleistet hast! Und indem du dich in der nächsten Zeit weiter motivierst, kannst du noch viel mehr erreichen …

6.3.2 Den inneren Schweinhund überlisten ...

- Überleg dir ein Belohnungssystem für die nächsten vier Wochen.
- Am besten ist, wenn du mit dir selbst einen »Vertrag« abschließt, in dem du aufschreibst, welche Dinge du weiter durchführen willst und wie häufig du üben möchtest (z. B. mind. fünfmal pro Woche. Generell gilt: Je öfter, desto besser).
- Auf jeden Fall solltest du dein Zubettgehritual, die Hypnose-Übungen und die Schlafhygieneregeln weiter durchführen. Versuch dabei, nach und nach besonders die grauen Schlafhygieneregeln umzusetzen!
- Schreib dir einen Plan für die **vier Wochen**, in den du jeden Tag einträgst, ob du dich an deinen Vertrag gehalten hast.
- Überlege dir eine **kleinere Belohnung**, wenn du an einem Tag alles eingehalten hast (z. B. ein Stück Schokolade, deine Lieblingsserie im Fernsehen ...), eine **mittlere Belohnung**, wenn du dein Wochenziel erreicht hast (z. B. am Wochenende ein Picknick machen ...) und eine **große Belohnung**, wenn du die vier Wochen durchgehalten hast (z. B. ein Ausflug in ein Erlebnisbad ...)
- Wichtig ist, dass du dich wirklich nur dann belohnst, wenn du deinen Vorsatz erfüllt hast!

Probiere in der Zeit ruhig auch nochmals Strategien aus, die bisher noch nicht so gut geholfen haben. Vielleicht brauchst du ja nur noch mal ein bisschen Übung?

Arbeitsblatt 23: Mein Belohnungssystem

Vertrag mit mir selbst

Ich, _____, verspreche mir selbst, dass ich in den nächsten vier Wochen folgende Feldexperimente weiter durchführen möchte:

- *Mein Zubettgehritual*
- *Je eine der Hypnose-Übungen (CDs, Lieblingsbild, Selbsthypnose)*
- *Folgende Schlafhygieneregeln:*
- *Folgende Strategien*:

Ich möchte diese Dinge mind. _____ x pro Woche üben.

Wenn ich mein Wochenziel erreicht habe, dann möchte ich mir folgende mittlere Belohnung gönnen:

_____

Wenn ich vier Wochen lang regelmäßig geübt habe, dann habe ich mir folgende große Belohnung verdient:

_____

Ort, Datum: Unterschrift:

_____   _____

Sitzung 6 – Inhaltlicher Einstieg

Feldexperimente **Zukünftige Feldexperimente**

Experimentalplan für zukünftige Feldexperimente	
Feldexperiment	√
Progressive Muskelentspannung (PME)	• Üb die PME. • Halt auf dem dazugehörigen Arbeitsblatt 15 fest, welche Fortschritte du machst.
Schlafhygieneregeln	• Schreib dir in das Arbeitsblatt 18 die Regeln auf, die du auch in der nächsten Woche wieder einhalten möchtest. • Notier dir außerdem, welche Regeln du zusätzlich hierzu einhalten willst. • Trag in die Arbeitsblätter 19–22 jeden Tag ein, ob du die Regeln eingehalten hast oder ob es nicht so geklappt hat.
Lösungstreppe	• Versuch die Lösungstreppe nächste Woche einmal auszuprobieren. • Nimm dir ein altes Problem zum Üben vor sowie ein Problem, das im Verlauf der Woche überraschend auftritt. • Schreib deine Lösungsschritte in das Arbeitsblatt 14.
Privates Sleep Lab	• Stell dein privates Sleep Lab zusammen. • Geh dabei nochmals alle Übungen und Strategien durch, die du hier kennengelernt hast. Diejenigen, die dir geholfen haben oder die dir vielleicht in Zukunft helfen könnten, sollten ihren festen Platz in deinem Sleep Lab erhalten. Trage deine Strategien in die Arbeitsblätter 16 und 17 ein.
Belohnungssystem	• Arbeite dir ein Belohnungssystem aus. Außerdem solltest du dir einen Plan erstellen, auf dem du eintragen kannst, ob du die vorgenommenen Dinge auch einhältst • Auf dem Arbeitsblatt 23 findest du den »Vertrag mit dir selbst«. Du kannst aber natürlich auch einen eigenen erstellen. Dann fällt es dir sicher leichter, die oben stehenden Aufgaben umzusetzen. In der Spalte »Punkte« kannst du eintragen, wie viele Punkte du dir für das Üben geben möchtest.

6.4 Wer wird Schlafonär?

Wie schon angekündigt, spielen wir heute »Wer wird Schlafonär?«. Hierfür spielt ihr in zwei Gruppen gegeneinander und könnt nochmals Punkte für eure Gruppe sowie für euch selbst sammeln.

Meine Belohnung für den Titel des **Hilfswissenschaftlers**:
_____

Meine Belohnung für den **Doktortitel**:
_____

Meine Belohnung für den **Professortitel**:
_____

Lieber Forscherkollege, liebe Forscherkollegin, unsere gemeinsame Forschungsarbeit ist nun erfolgreich beendet. Ich habe dich als Kollegen sehr schätzen gelernt und habe viel von dir und deinen Feldexperimenten gelernt. Ich bin durch dich ein ganzes Stück in meiner Forschung weitergekommen!
Aber auch du bist durch deine unermüdlichen Forschungsleistungen und deinen Fleiß zum Experten für einen guten Schlaf geworden. Du kannst sehr stolz darauf sein, wie viel du durch deine Arbeit erreicht hast! Ich möchte dir ganz herzlich für deinen Einsatz danken. Ich schätze mich sehr glücklich, dass ich mit dir zusammenarbeiten durfte. Ich wünsche dir alles Gute für deine weitere Schlafforscherkarriere!

Schlaf gut!
Dein Sleep Doc

Auch wir hoffen, dass du möglichst viele dieser Strategien sinnvoll einsetzen kannst und wünschen dir bei deinem weiteren Anwenden dieser Schlaftipps und Hilfestellungen viel Erfolg.

Dein Schlafteam

HiWi	HiWi	HiWi	HiWi	HiWi	HiWi
Doc	Doc	Doc	Doc	Doc	Doc
Doc	Doc	Prof..	Prof.	Prof.	Prof.
Prof.	Prof.	Prof.	Prof.	Prof.	Prof.
Prof.	Prof.	Prof.	Prof.	Prof.	Prof.
Prof.	Prof.	Prof.	Prof.	Prof.	Prof.
Prof.	Prof.	Prof.	Prof.	Prof.	Prof.
Prof.	Prof.	Prof.	Prof.	Prof.	Prof.
Prof.	Prof.	Prof.	Prof.	Prof.	Prof.

Meine Belohnung für den Titel des **Hilfswissenschaftlers (HiWi)**:

___

Meine Belohnung für den **Doktortitel (Doc)**:

___

Meine Belohnung für den **Professortitel (Prof.)**:

___

Sitzung 3: Elternsitzung

Liebe Eltern,
wir begrüßen Sie herzlich bei unserem Schlaftraining. Sie haben schon einige Informationen über dieses Programm erhalten. Deshalb hier nur noch einmal die wesentlichen Ziele:
Das Programm soll ...

- Ihrem Kind helfen, einen erholsamen und gesunden Schlaf zu finden.
- Ihnen als Eltern Möglichkeiten aufzeigen, Ihr Kind dabei zu unterstützen und zu begleiten.

JuSt ist ein psychologisches Behandlungsprogramm, das speziell für Jugendliche entwickelt wurde, die unter Schlafstörungen (hauptsächlich Ein- und Durchschlafstörungen) leiden. Wir führen das Programm in der Gruppe durch, weil hier die Jugendlichen die Möglichkeit haben, sich über mögliche Lösungen auszutauschen, sich gegenseitig zu motivieren und modellhaft von den anderen Teilnehmern zu lernen.

Im Training werden verhaltenstherapeutische Techniken mit Suggestibilitätstechniken (auch moderne Hypnotherapie genannt) verbunden, sodass die Vorteile beider Verfahren genutzt werden können.

Die **Verhaltenstherapie** zeichnet sich durch ein strukturiertes Vorgehen aus, das sich vor allem auf die Schlafumgebung, das Verhalten am Tag sowie die Schlafgewohnheiten vor dem Schlafengehen bezieht. Hier werden in JuSt vor allem die Jugendlichen gefordert.

Die Arbeit mit **Suggestionen** oder auch der **modernen Hypnotherapie** zieht sich durch das gesamte Schlaftraining. Hier wird das ursprüngliche Vermögen des Menschen genutzt, sich ganz auf eine Sache zu konzentrieren. Wir alle kennen eine natürliche Form des Hypnosezustandes, nämlich genau dann, wenn wir mit den Gedanken bei etwas ganz anderem sind. So kommt es z. B. beim Zug- oder Autofahren vor, dass wir einige Augenblicke an etwas sehr intensiv denken und nicht merken, dass die Landschaft sich verändert hat, oder dass man sich beim Autofahren fragt, ob die Ampel wirklich grün gewesen ist. Dies sind typische Situationen, in denen wir uns in einer ganz natürlichen Art von »Trance« befinden – eine Art des Konzentrationszustands, der für die Therapie von Schlafstörungen sehr gut genutzt werden kann und Ihrem Kind (und damit auch Ihnen) hilft, sich am Tag und in der Nacht im Bett zu entspannen und erholsam zu schlafen.

Wir wünschen Ihnen und Ihrem Kind nun viel Spaß und Erfolg mit dem Schlaftraining!

Ihr JuSt-Team

Literaturempfehlungen

Falls Sie sich ergänzend zu unserem Programm noch weiter informieren wollen, finden Sie hier einige Ratgeber, die wir Ihnen empfehlen können. Dabei handelt es sich um allgemeine Ratgeber zum Thema »Schlaf«, die nicht speziell auf Jugendliche zugeschnitten sind.

Spork, P. (2007). Warum wir schlafen und wie es uns am Besten gelingt. Berlin: Rohwolt
Zulley, J. (2005). Mein Buch vom guten Schlaf. München: Zabert Sandmann.

Sitzung 3 – Inhaltlicher Einstieg

Trainingsüberblick

Das Schlaflabor
Sleep Lab

Lab für **Schlafhygiene II**	Lab für **Schlafumgebung & Vorbereitung auf die Nacht**	Lab für **Schlafhygiene I**
Lab für **Ängste & Sorgen**	Lab für **Imagination oder Hypnose**	Lab für **gestörten Schlaf**
Lab für **Stress**	Lab für **Alpträume**	Lab für **gesunden Schlaf**
Lab für **Progressive Muskelentspannung**	**Privates Sleep Lab**	Herzlich Willkommen in meinem Sleep Lab!

Die Jugendlichen werden im JuSt-Training von einem »Sleep Doc« empfangen, der sie durch sein »Sleep Lab« führt. Selbstverständlich gibt es dieses Lab nicht wirklich, sondern repräsentiert die einzelnen Trainingsbausteine. Unten sehen Sie das Sleep Lab.

Ziel: Die Jugendlichen lernen so verschiedene Strategien kennen, wie sie ihre Schlafprobleme überwinden können. So sollen sie nach und nach zu Experten für ihren eigenen Schlaf werden.

Der Sleep Doc

Bei diesem Vorhaben werden die Jugendlichen von unserem »Sleep Doc« unterstützt. Er ist Experte für den Schlaf, allerdings kommt er nur selten aus seinem Schlaflabor heraus. Daher bittet er die Jugendlichen, die Strategien in »Feldexperimenten« (Hausaufgaben) auszuprobieren.

Das Belohnungssystem

Für die Umsetzung der Übungen erhalten die Jugendlichen Punkte. Je nach Punktestand am Ende des Trainings können sie den Titel des Hilfswissenschaftlers, den Doktortitel oder sogar den Professorentitel erwerben und sollen dafür eine angemessene Belohnung erhalten (bitte besprechen Sie dies mit Ihrem Kind).

Sitzungsüberblick ### Die Themen

Sitzung 1

In der ersten Sitzung lernen die Jugendlichen viel über den gesunden und gestörten Schlaf. Außerdem werden sie hier in das Schlaflabor für

Hypnose eingeführt. Das Labor für Imagination bzw. moderne Hypnose ist fester Bestandteil einer jeden Jugendsitzung.

Sitzung 2

Die zweite Sitzung behandelt das Thema »Schlafhygiene«. Schlafhygieneregeln beschreiben Verhaltensweisen, die einen gesunden Schlaf unterstützen und fördern. Zusammen mit den Jugendlichen wird erarbeitet, wie die bisherigen den Schlaf störenden Verhaltensweisen und Gewohnheiten durch schlafförderliche Verhaltensweisen ersetzt werden können.

Sitzung 3

In der dritten Sitzung beschäftigen wir uns nochmals mit der Schlafhygiene. Außerdem sprechen wir über die Schlafumgebung sowie über das Zubettgehritual Ihres Kindes. Ihr Kind soll möglichst die Schlafumgebung verändern. So wird erreicht, dass das Bett nicht mehr länger mit schlechtem Schlaf verbunden ist. Wir möchten Sie bitten, Ihr Kind bei diesem Vorhaben zu unterstützen. Dabei muss nicht gleich das ganze Zimmer renoviert werden, kleine aber für Ihr Kind bedeutsame Veränderungen sind völlig ausreichend.

Sitzung 4

In der vierten Jugendsitzung wird der Zusammenhang zwischen Ängsten, Sorgen und Schlaf behandelt. Die Jugendlichen bekommen verschiedene Strategien an die Hand, mit denen sie selbstständig und unabhängig von den Eltern Ängste und Sorgen angehen können.

Sitzung 5

In der fünften Sitzung wird die Wirkung von Stress auf den Schlaf thematisiert und welche Strategien zur Stressverringerung einsetzen kann. Außerdem wird eine weitere Entspannungstechnik Progressive Muskelentspannung vermittelt. Am Ende des Trainings wird Ihr Kind aufgefordert, sich ein weiterführendes Belohnungssystem auszudenken, das es auch nach dem Training dazu motiviert die Veränderungen beizubehalten.

Informationsvermittlung

Die Gesamtschlafdauer entwickelt sich über die ganze Kindheit hinweg.

Baby: ~ 20h   Kleinkind: ~ 13 h   Kind: ~ 10 h   Jugendlicher: ~ 9h   Erwachsener: ~ 8h

Bei den Zeitangaben handelt es sich nur um Durchschnittswerte. Man kann jedoch sagen, dass der durchschnittliche Jugendliche etwas über neun Stunden Schlaf braucht. Allerdings werden Jugendliche aufgrund körperlicher Veränderungen in der Pubertät oft erst ca. zwei Stunden später müde als vor der Pubertät, müssen aber wegen der Schule oder des Berufs morgens trotzdem früh aufstehen. Deshalb bekommen viele Jugendliche nicht die nötigen neun Stunden Schlaf. Im Training wird mit den Jugendlichen besprochen, wie sie ihrem Körper beibringen können, früher müde zu werden (z. B. durch regelmäßige Zubettgehzeiten).

Schlafstörungen

Schlafstörungen und beeinflussende Faktoren

Häufigkeit

Ihr Kind und Sie sind weniger alleine als Sie vielleicht denken: Schlafstörungen im Jugendalter treten häufiger auf als allgemein angenommen wird. Je nach Untersuchung werden Zahlen zwischen 20 und 50 % angegeben.

Einteilung

Insgesamt gibt es über 80 verschiedene Schlafstörungen, die in acht verschiedene Kategorien unterteilt werden. Die wohl bekannteste Kategorie ist die der Insomnien. Hierunter werden Schlafstörungen zusammengefasst, die mit Einschlaf- und Durchschlafstörungen oder Früherwachen einhergehen. Die Betroffenen klagen zudem über eine schlechte Schlafqualität oder über zu wenig Schlaf. Eine andere Kategorie stellen die Parasomnien dar. Hierunter fallen Schlafbesonderheiten wie z. B. Schlafwandeln, Alpträume oder der Nachtschreck. Es gibt aber auch Schlafstörungen im Zusammenhang mit körperlichen oder psychischen Erkrankungen oder aber Schlafstörungen im Zusammenhang mit Störungen der Schlaf-Wach-Rhythmik.

Beeinflussende Faktoren

Es gibt eine Vielzahl von Einflussfaktoren, die sich auf den Schlaf auswirken und miteinander in Wechselwirkung stehen.

Welche Dinge können Schlafstörungen verursachen bzw. eine Schlafstörung aufrechterhalten?

Nehmen Sie sich etwas Zeit, um zu überprüfen, welche Faktoren bei Ihnen und Ihrem Kind eine Rolle spielen könnten. Kreuzen Sie an, was Ihrer Meinung nach zutrifft und ergänzen Sie Punkte, die Ihnen bedeutsam erscheinen, wenn sie nicht aufgeführt sind. Am besten machen Sie die Übung mit Ihrem Partner zusammen und tauschen sich dann aus.

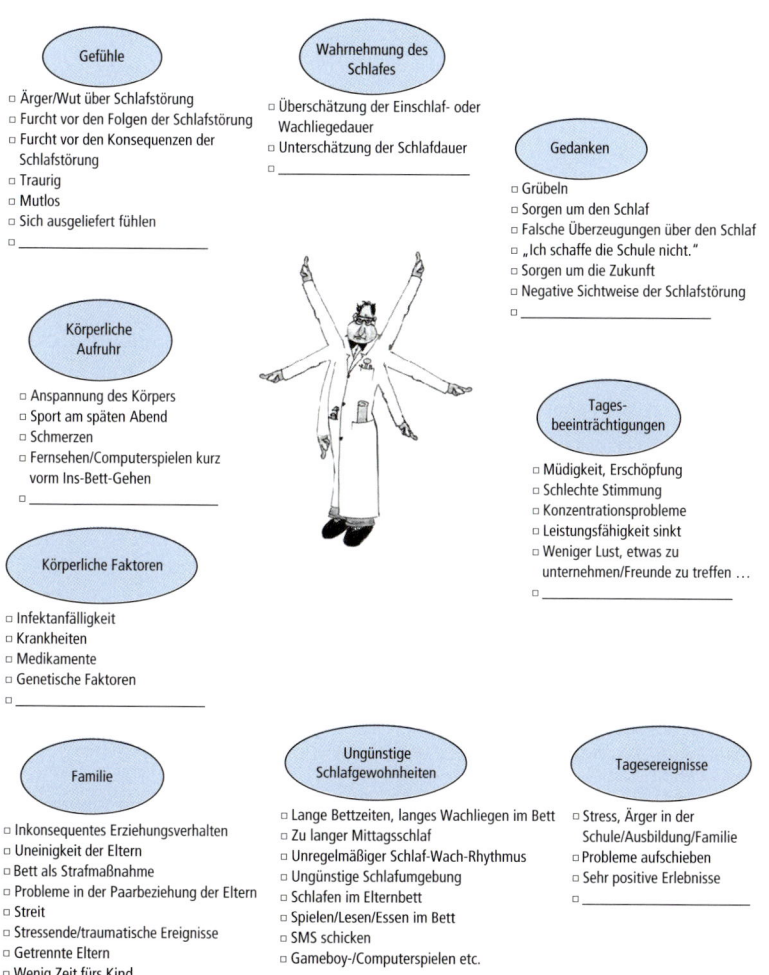

Gefühle
- ☐ Ärger/Wut über Schlafstörung
- ☐ Furcht vor den Folgen der Schlafstörung
- ☐ Furcht vor den Konsequenzen der Schlafstörung
- ☐ Traurig
- ☐ Mutlos
- ☐ Sich ausgeliefert fühlen
- ☐ _____

Wahrnehmung des Schlafes
- ☐ Überschätzung der Einschlaf- oder Wachliegedauer
- ☐ Unterschätzung der Schlafdauer
- ☐ _____

Gedanken
- ☐ Grübeln
- ☐ Sorgen um den Schlaf
- ☐ Falsche Überzeugungen über den Schlaf
- ☐ „Ich schaffe die Schule nicht."
- ☐ Sorgen um die Zukunft
- ☐ Negative Sichtweise der Schlafstörung
- ☐ _____

Körperliche Aufruhr
- ☐ Anspannung des Körpers
- ☐ Sport am späten Abend
- ☐ Schmerzen
- ☐ Fernsehen/Computerspielen kurz vorm Ins-Bett-Gehen
- ☐ _____

Tagesbeeinträchtigungen
- ☐ Müdigkeit, Erschöpfung
- ☐ Schlechte Stimmung
- ☐ Konzentrationsprobleme
- ☐ Leistungsfähigkeit sinkt
- ☐ Weniger Lust, etwas zu unternehmen/Freunde zu treffen …
- ☐ _____

Körperliche Faktoren
- ☐ Infektanfälligkeit
- ☐ Krankheiten
- ☐ Medikamente
- ☐ Genetische Faktoren
- ☐ _____

Familie
- ☐ Inkonsequentes Erziehungsverhalten
- ☐ Uneinigkeit der Eltern
- ☐ Bett als Strafmaßnahme
- ☐ Probleme in der Paarbeziehung der Eltern
- ☐ Streit
- ☐ Stressende/traumatische Ereignisse
- ☐ Getrennte Eltern
- ☐ Wenig Zeit fürs Kind
- ☐ _____

Ungünstige Schlafgewohnheiten
- ☐ Lange Bettzeiten, langes Wachliegen im Bett
- ☐ Zu langer Mittagsschlaf
- ☐ Unregelmäßiger Schlaf-Wach-Rhythmus
- ☐ Ungünstige Schlafumgebung
- ☐ Schlafen im Elternbett
- ☐ Spielen/Lesen/Essen im Bett
- ☐ SMS schicken
- ☐ Gameboy-/Computerspielen etc.
- ☐ _____

Tagesereignisse
- ☐ Stress, Ärger in der Schule/Ausbildung/Familie
- ☐ Probleme aufschieben
- ☐ Sehr positive Erlebnisse
- ☐ _____

Schlafhygieneregeln

Schlafhygieneregeln

Im Folgenden werden wir Ihnen einige Schlafhygieneregeln vorstellen, die sich als sehr wichtig für einen guten und gesunden Schlaf herausgestellt haben. Die grau hinterlegten Regeln sollten nach und nach, also in kleinen Schritten, in den Alltag integriert werden. Lassen Sie sich *nach der zweiten Jugendsitzung* ruhig von Ihrem Kind erklären, warum diese Regeln wichtig für einen gesunden Schlaf sind.

Checkliste:	☺ Macht unser Kind schon	Macht unser Kind noch nicht	**Will unser Kind noch machen**
Goldene Regel: »Das Bett ist nur zum Schlafen da!«, nicht um zu telefonieren, fernzusehen, zu lernen, zu essen, Computer zu spielen, …	☐	☐	☐
Schlafrhythmus: Ihr Kind sollte immer zu der gleichen Zeit aufstehen und immer zur gleichen Zeit ins Bett gehen. Je geringer der Unterschied zwischen den Aufsteh- und Zubettgehzeiten ist, desto besser. Der Unterschied sollte im Idealfall nicht größer als ½–1 Stunde sein.	☐	☐	☐
Computer und Fernseher: Mindestens 1 Stunde vor dem Schlafengehen sollte Ihr Kind seinen Fernseher, Computer und ähnliche Geräte ausschalten.	☐	☐	☐
Mittagsschlaf: Ein »gutes« Nickerchen dauert höchstens 10–20 Minuten und findet vor 17.00 Uhr statt. Am besten stellt sich Ihr Kind einen Wecker, damit es nach 20 Minuten auch wirklich wieder aufwacht.	☐	☐	☐
Uhr am Bett: Ihr Kind soll seine Uhr vom Bett entfernen oder sie so drehen, dass es nachts die Uhrzeit nicht ablesen kann.	☐	☐	☐
Sonne am Morgen: Es ist gut, am Morgen möglichst viel Sonnenlicht zu »tanken«. In der Nacht sollte das Zimmer Ihres Kindes möglichst dunkel sein, damit sein Körper weiß, dass es jetzt Zeit ist zu schlafen.	☐	☐	☐
Nicht-schlafen-Können: Wenn Ihr Kind länger als 15 Minuten nicht einschlafen kann, sollte es aufstehen, spätestens aber, wenn es anfängt sich darüber zu ärgern oder zu grübeln.	☐	☐	☐

Checkliste:	☺ Macht unser Kind schon	Macht unser Kind noch nicht	**Will unser Kind noch machen**
Müde werden: Wenn Ihr Kind am Abend zu spät müde wird, dann kann es versuchen, seinen Körper umzutrainieren: • Es soll jeden zweiten Tag 15 Min. früher ins Bett gehen. • Es soll konsequent bleiben! • Es soll dies so lange machen, bis es zur gewünschten Uhrzeit einschläft. • Von da an soll es immer zur gleichen Zeit ins Bett gehen.	☐	☐	☐

Neben diesen grundlegenden Schlafhygieneregeln gibt es noch eine ganze Menge anderer Schlafhygieneregeln, die für einen guten Schlaf sorgen können. Die folgenden Schlafhygieneregeln betreffen Dinge, die nicht zwingend notwendig sind für einen guten Schlaf, deren Umsetzung jedoch sehr sinnvoll ist. Sie können sich diese Regeln von Ihrem Kind *nach der dritten Jugendsitzung* erklären lassen.

Checkliste:	☺ Macht unser Kind schon	Macht unser Kind noch nicht	**Will unser Kind noch machen**
Luft rein, Lärm raus, Licht aus: Ihr Kind sollte für eine angenehme und schlafförderliche Schlafumgebung sorgen!	☐	☐	☐
Sport: Ihr Kind sollte regelmäßig Sport treiben. Wenn es nach dem Sport am Abend aufgedreht ist und nicht gut schlafen kann, sollte Ihr Kind nur morgens oder nachmittags Sport treiben.	☐	☐	☐
Abendessen: Ideal ist es, wenn Ihr Kind ca. 1–2 Stunden vor dem Schlafengehen zu Abend isst. Dann hat der Körper genug Zeit für die Verdauung. Vor dem Zubettgehen sollte Ihr Kind keine größeren Mengen mehr trinken.	☐	☐	☐
Koffein: Ihr Kind sollte, wenn möglich, ganz auf koffeinhaltige Lebensmittel verzichten: • Kaffee, Cappuccino usw. • Schwarztee, Grüntee • Energydrinks, Eistee • Schokolade am Abend Falls Ihr Kind nicht komplett auf Koffein verzichten möchte, sollte es nur am Vormittag kleine Mengen zu sich nehmen.	☐	☐	☐

Sitzung 3 – Inhaltlicher Einstieg

Medikamente: Wenn Sie den Verdacht haben, dass ein Medikament, das Ihr Kind nehmen muss, seinen Schlaf stört, sollten Sie Ihren Arzt oder Apotheker fragen.	☐	☐	☐
Nikotin, Alkohol, Drogen: Nikotin, Alkohol und Drogen stören den Schlaf auf verschiedene Art. Auch daher sollte Ihr Kind diese Dinge strikt vermeiden. Wenn möglich sollte nicht in der Wohnung und keinesfalls im Schlafzimmer geraucht werden.	☐	☐	☐

Zusammenhang Erziehung und Schlaf

Erziehung und Schlaf

Unterstützung und Selbstständigkeit

Viele Eltern von Jugendlichen stellen sich die Frage, wie viel Selbstbestimmung und Selbstständigkeit sie ihren Kindern einräumen und wo sie selbst noch Vorgaben machen und unterstützen sollen. Dies liegt daran, dass Jugendliche in der Pubertät zunehmend eigene Meinungen und Vorstellungen davon haben, wie sie sich verhalten sollten/möchten. Dabei orientieren sie sich immer weniger an den Eltern und immer mehr an Gleichaltrigen – was eine völlig normale und wichtige Entwicklung darstellt. Trotzdem spielen die Eltern noch eine bedeutsame Rolle: Trotz Freiräumen geben sie weiterhin gewisse Grenzen vor und begleiten ihr Kind bei dessen Persönlichkeitsentwicklung.

Die folgende Abbildung zeigt vereinfacht, dass die Aspekte »Erziehung und Unterstützung durch die Eltern« und »Selbstständigkeit und Selbstbestimmung« zu unterschiedlichen Zeitpunkten der Entwicklung Ihres Kindes unterschiedlich stark ausgeprägt sind. Dennoch sind beide zu jedem Zeitpunkt von Bedeutung und stellen eine wichtige Ergänzung zum jeweils anderen Teil dar.

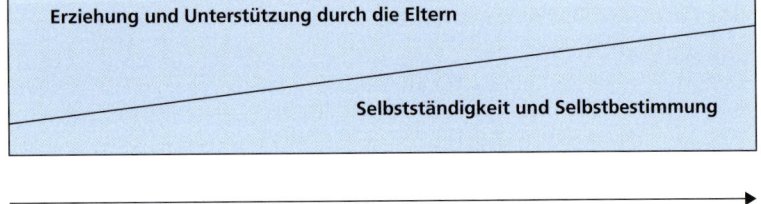

5 Jahre   17 Jahre

Im Folgenden werden wir Ihnen Strategien vorstellen, mit deren Hilfe Sie eine Balance zwischen Unterstützung und Selbstständigkeit bezüglich der Schlafproblematik Ihres Kindes fördern können, die dem aktuellen Entwicklungsstand angemessen ist. Sie lernen also Wege kennen, wie Sie gerade Ihr Kind bei der Bewältigung seines Schlafproblems gut unterstützen und begleiten können.

Für jeden von Ihnen werden dabei bestimmte Techniken hilfreicher und sinnvoller sein als andere. Wir möchten Sie dazu ermuntern, sich die für Sie und Ihr Kind geeigneten Strategien auszuwählen.

Erziehung und Schlaf im Jugendalter

Manche Schlafprobleme können durch das Einhalten bestimmter Erziehungsstrategien verringert oder beseitigt werden. Insbesondere dann, wenn Ihr Kind Probleme damit hat, Regeln bezüglich des Schlafens (Zubettgehzeit, Schlafen im eigenen Bett) einzuhalten, können die folgenden Techniken eine Hilfe darstellen.

Die im folgenden beschriebenen Erziehungsstrategien haben im Bereich Schlafen zwei **Hauptziele**:

1. Ihr Kind soll lernen, dass es selbstständig, d. h. ohne die Anwesenheit bestimmter Bedingungen oder Personen schlafen kann.
2. Ihr Kind soll lernen, allein in seinem eigenen Bett zu schlafen. Es soll lernen, sich in seinem Bett wohl und geborgen zu fühlen.

Struktur

Eine bestimmte, festgelegte Tagesstruktur kann sich sehr positiv auf den Schlaf auswirken. Besonders die Gestaltung der Zeit vor dem Zubettgehen sollte mit einem **Zubettgehritual** gefüllt werden. Dieses sollte immer gleich ablaufen, um für den Körper ein Signal zu sein, dass er jetzt zur Ruhe kommen kann. Ihre Kinder werden sich im Laufe dieses Trainings ihr eigenes Zubettgehritual überlegen und ausprobieren. Dieses Ritual sollte möglichst unabhängig von den Eltern sein, also auch durchgeführt werden können, wenn Sie als Eltern mal nicht verfügbar sind.

Auch **Grenzen** bezüglich des Schlafens (Wo schläft Ihr Kind? Wann sollte es spätestens ins Bett gehen? Wann sollte es spätestens aufstehen?) sind wichtige Strukturen für einen gesunden Schlaf. Je älter ein Kind wird, desto mehr möchte es selbst über diese Grenzen selbst bestimmen. Dies ist eine normale und gesunde Entwicklung und sollte von Ihnen gefördert werden, indem Sie die Ideen und Wünsche Ihres Kindes ernst nehmen und mit ihm darüber sprechen. Gleichzeitig haben Sie als Eltern immer noch die Aufgabe, darauf zu achten, dass bestimmte Regeln, die dem Wohle Ihres Kindes dienen, nicht missachtet werden. Bezüglich des Schlafens gelten grundsätzlich folgende Rahmenbedingungen, die Sie als Eltern vor Ihren Kindern vertreten sollten:

Ihr Kind sollte im eigenen Zimmer und im eigenen Bett schlafen.

Es sollte eine Gesamtschlafdauer von mindestens acht Stunden angestrebt werden.

Kommunikation

Kommunikation

Es ist von entscheidender Bedeutung, dass Sie über alles, was Sie in Bezug auf das Schlafen und damit verbundene Umstände unternehmen wollen, mit Ihrem Kind sprechen – und zwar **bevor** etwas Neues eingeführt wird.

Dazu sollten Sie sich zuvor klar werden, was genau Sie von Ihrem Kind erwarten und welche Konsequenzen Sie einsetzen werden, wenn Ihre Erwartungen nicht erfüllt werden. Finden Sie möglichst verhaltensnahe Formulierungen Ihrer Erwartungen und der Konsequenzen. Nur so können Sie davon ausgehen, dass Ihr Kind die Folgen seines Handelns begreift und sich dementsprechend verhalten wird.

Lob

Loben

Loben ist das effektivste/hilfreichste Mittel, das Ihnen bei der Unterstützung Ihres Kindes zur Verfügung steht. Lob oder auch positive Beachtung stellen ein menschliches Grundbedürfnis dar. Daher ist es für Ihr Kind sehr motivierend, wenn Sie seine Fortschritte anerkennen und es darin bestärken.

Lob kann mithilfe von Mimik, Gestik, Körperkontakt oder Sprache ausgedrückt werden. Während jüngere Kinder grundsätzlich für alle diese Formen des Lobs zugänglich sind, lehnen Jugendliche das verbale Lob häufig ab. Ist das bei Ihrem Kind der Fall, können Sie es mit mimischem oder gestischem Lob versuchen oder damit, Interesse für das zu zeigen, was Ihrem Kind wichtig ist.

Achten Sie grundsätzlich darauf, dass das Lob angemessen ist: Kleine Erfolge sollten ein kleines, mittlere ein mittleres und große Erfolge ein großes Lob erhalten. Außerdem sollten Sie authentisch bleiben, also nur loben, wenn Sie das Verhalten Ihres Kindes auch wirklich gut finden. Wenn Sie genau sagen, was Ihnen gut gefallen hat (z. B. »Ich finde es gut, dass du nicht mehr im Bett liest.« statt »Du machst Fortschritte.«) und Ihrem Kind dabei in die Augen schauen, erhält das Lob eine noch größere Wirkung.

Kritik üben

Kritik

Obwohl das Loben grundsätzlich überwiegen sollte, ist es manchmal auch notwendig, Kritik zu üben. Die folgenden drei Schritte können Ihnen dabei helfen, die Kritik so vorzubringen, dass sie fruchtbar ist.

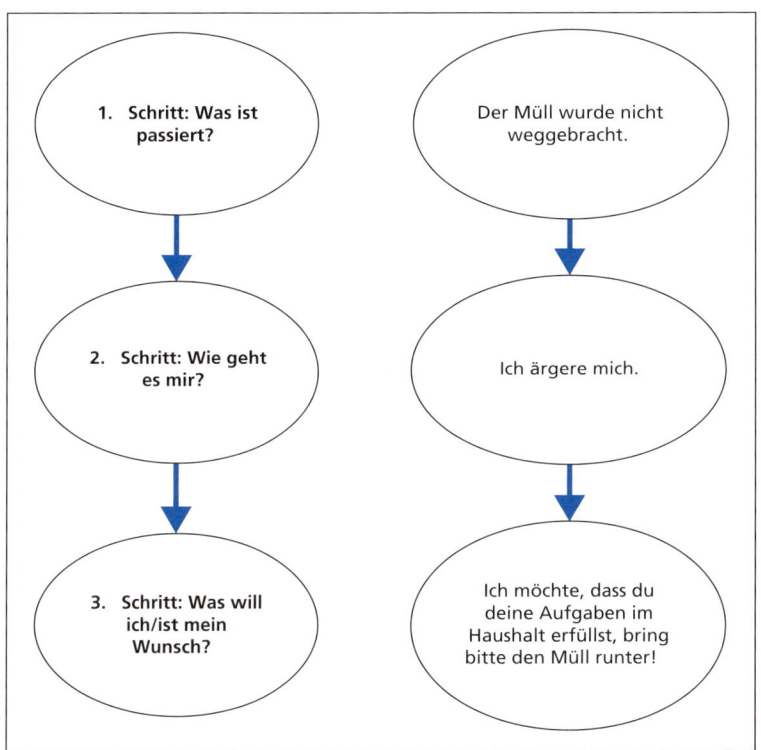

Achten Sie bei Schritt 3 darauf, dass Sie ein konkretes Verhalten und konkrete Situationen ansprechen. Vermeiden Sie Verallgemeinerungen wie »immer« oder »du bist ...«, denn diese erschweren es ungemein, Kritik anzunehmen. Außerdem sollten Sie im Hier und Jetzt bleiben und keine alten Geschichten aufwärmen (»Gestern hast du auch schon ...«).

Goldene Regel

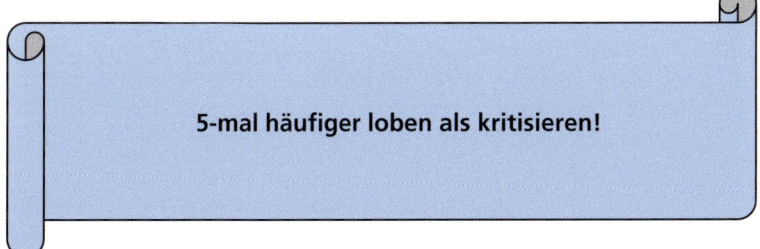

5-mal häufiger loben als kritisieren!

Familienkonferenz

Familienkonferenz

Regeln und Grenzen können sehr gut im Rahmen einer Familienkonferenz besprochen und vereinbart werden. Setzen Sie sich mit allen Familienmitgliedern regelmäßig zusammen, vereinbaren Sie dafür einen festen Ort und eine feste Zeit, mit der alle einverstanden sind. Außerdem sollten Sie für diese Konferenz Regeln festlegen, denen jedes Familienmitglied zustimmen kann (z. B. Laborregeln aus dem Training).

In einer solchen Familienkonferenz sollten Sie Ihrem Kind mit zunehmendem Alter immer mehr Mitspracherecht einräumen und seine Ideen diskutieren. So vermitteln Sie Ihrem Kind, dass Sie seine Ansichten ernst nehmen und fördern dadurch das selbstständige Denken und seinen Selbstwert. Wie oben bereits angesprochen wurde, ist es jedoch immer noch wichtig, dass Sie darauf achten, dass die aufgestellten Regeln für Ihr Kind und sein Umfeld hilfreich und nicht schädlich sind.

Sorgen Sie auch dafür, dass die gemeinsam gefundenen Lösungen verbindlich sind und besprechen Sie mit Ihrem Kind Konsequenzen, wenn es die Regeln nicht einhält.

Es ist sinnvoll, die Beschlüsse der Familienkonferenz schriftlich festzuhalten und von jedem Familienmitglied unterschreiben zu lassen. Bewahren Sie dieses »Schriftstück« an einem Ort auf, den jeder kennt und zu dem jeder Zugang hat. Vielleicht hängen Sie die Regeln auch für jeden sichtbar auf.

Hier noch einmal im Überblick wichtige Punkte für die Gestaltung einer Familienkonferenz:

- **Ort** und **Zeitpunkt** gemeinsam mit allen Familienmitgliedern festlegen
- **Konferenzregeln** vereinbaren
- **Schlafregeln** diskutieren (je nach Alter des Kindes unterschiedlich stark), festlegen und **Konsequenzen** für Einhaltung und Nicht-Einhaltung vereinbaren
- Beschlüsse **schriftlich festhalten** und unterschreiben
- Beschlüsse für jeden **sichtbar** aufhängen oder auslegen

In dem folgenden Kasten finden Sie Tipps zum Sprechen und Zuhören, die Sie im Gespräch mit Ihrem Kind anwenden können und die dabei helfen, zu Lösungen zu gelangen.

Sprecherfertigkeiten
1. **Ich-Gebrauch:** Die Gesprächspartner sollen von eigenen Gedanken, Gefühlen, Wünschen und Bedürfnissen sprechen und ihre Mitteilungen in Ich-Form machen. Es gilt, Anklagen und Vorwürfe zu vermeiden.
2. **Mitteilung von Gefühlen:** Die Gesprächspartner sollen versuchen, sich emotional zu öffnen und zu formulieren, was in ihnen vorgeht.

3. **Konkrete Situationen:** Es soll von konkreten Situationen oder Ereignissen gesprochen werden. Verallgemeinerungen (»immer«, »nie«) sind zu vermeiden.
4. **Konkretes Verhalten:** Es soll konkretes Verhalten des Gegenübers, das als störend erlebt wird, angesprochen werden, wobei negative Eigenschaftszuschreibungen (»du bist ...«) zu vermeiden sind.
5. **Gegenwartsbezogenheit:** Die Partner sollen versuchen, beim Thema zu bleiben und das »Hier und Jetzt« zu diskutieren, ohne in die Vergangenheit abzuschweifen und alte Geschichten aufzuwärmen.

Zuhörerfertigkeiten
1. **Aufnehmendes Zuhören:** Bei aufnehmendem Zuhören schenkt der eine Partner dem anderen volle Aufmerksamkeit und zeigt sein Interesse durch kurze Einwürfe oder Fragen oder nonverbale Signale (nicken etc.).
2. **Wiederholung dessen, was der Gesprächspartner gesagt hat:** Die Partner sollen die Feststellungen des andern in eigenen Worten wiederholen und sich vergewissern, dass sie den anderen richtig verstanden haben.
3. **Offenen Fragen:** Bei Unklarheiten sollen offene Fragen gestellt werden, die der Rückversicherung dienen, dass die Inhalte der gesandten Botschaft richtig verstanden wurden.
4. **Positive Rückmeldung:** Dem Gesprächspartner soll nonverbal und verbal rückgemeldet werden, wenn einem etwas an seinen Äußerungen gefallen hat.
5. **Rückmeldung eigener Gefühle:** Ist der Partner durch Äußerungen des anderen gefühlsmäßig so betroffen, dass er nicht akzeptierend auf den anderen eingehen kann, können diese Gefühle ausgedrückt werden.

Folgendes Beispiel soll Ihnen verdeutlichen, wie eine Familienkonferenz ablaufen könnte:

Beispiel Familienkonferenz

Familie Maier trifft sich wie jeden Samstagnachmittag zur Familienkonferenz. Damit das Gespräch gut verläuft, hat die Familie die Schlaflaborregeln aus dem Schlaftraining übernommen. Außerdem haben sie einen Familienkonferenzball eingeführt. So darf immer nur der sprechen, der gerade diesen Ball hat. Auf diese Weise ist bei den Gesprächen mehr Ruhe eingekehrt.

Die Eltern haben schon vor der Familienkonferenz miteinander besprochen, was sie genau von ihrem 15-jährigen Sohn Max wollen. Auf diese Weise können sie sich beim Gespräch gegenseitig unterstützen und an einem Strang ziehen.

Sitzung 3 – Inhaltlicher Einstieg

Dialog	Metaebene
Vater: Max, wir würden mit dir gern über deine Zubettgehzeiten sprechen. Wir machen uns etwas Sorgen darüber, dass du morgens fast nicht aus dem Bett kommst und tagsüber extrem müde bist. Wir hätten gern, dass du abends regelmäßig um 21.00 Uhr ins Bett gehst. Was denkst du darüber?	Konkrete Situation/ konkretes Verhalten ansprechen Gefühle mitteilen Konkreten Wunsch formulieren
Max: Ehrlich gesagt halte ich nicht viel davon. Ich bin jetzt 15 und ich finde, dass ich da alt genug bin, um später ins Bett zu gehen. Und da hab ich wirklich keine Lust, um 21.00 Uhr schon im Bett zu liegen. Ich meine, es stimmt schon, dass ich am Morgen nicht gerne aufstehe und dass ich am Tag müde bin. Aber auch wenn ich wollte, vor 23.00 Uhr schlafe ich ja sowieso nie ein! Und dass ich um 6.00 Uhr für die Schule raus muss, hab' ich mir bestimmt nicht selbst ausgesucht!	Rückmeldung eigener Gefühle
Vater: Ja, das mit dem frühen Aufstehen ist wirklich ein Problem. Mama und ich können auch verstehen, dass du als 15-Jähriger nicht mehr so früh ins Bett gehen willst. Trotzdem müssen wir eine Lösung finden, damit du genügend Schlaf bekommst. Wir möchten dir gerne einen Kompromiss anbieten: Wir akzeptieren, dass du ein wenig später als 21.00 Uhr ins Bett gehst und du gehst dafür ein wenig früher ins Bett.	Vergewissern, dass der andere richtig verstanden wurde
Mutter: Lass mich noch mal zusammenfassen, was du gerade gesagt hast, damit wir wissen, dass wir dich richtig verstanden haben: Das heißt also, dass du zum einen gern später als 21.00 Uhr ins Bett gehen möchtest.	
Max: Genau!	
Mutter: Zum anderen merkst du aber auch, dass du eigentlich mehr Schlaf brauchen würdest, da du am Tag müde bist und morgens nur schwer wach wirst. Allerdings hast du das Problem, dass du sowieso nicht vor 23.00 Uhr einschläfst, für die Schule aber schon um 6.00 Uhr raus musst.	
Max: Genau da liegt ja das Problem. Wenn die Schule nicht wäre, dann könnte ich ja um 23.00 Uhr ins Bett, da kann ich nämlich gut einschlafen. Und dann würde ich bis 8.00 Uhr morgens schlafen und wäre damit zufrieden.	
Max: Darüber können wir reden. Aber Fakt ist ja, dass ich sowieso nicht vor 23.00 Uhr einschlafe!	Positive Rückmeldung
Mutter: Das ist schön, dass du dich zu einem Kompromiss bereit erklärst! Zu deinem Einschlafproblem: Habt ihr da im Training nicht etwas gelernt, wie man seinen Körper umtrainieren kann, damit er später müde wird?	Verständnis zeigen und signalisieren, dass Jugendlicher Mitspracherecht hat und seine Meinung zählt An Strategien aus Training erinnern

Informationsvermittlung

Dialog	Metaebene
Max: Ja schon, man kann sich ja so langsam in 15 Minuten-Schritten umtrainieren …	
Mutter: Genau, super! Wie wäre es denn, wenn wir ausmachen, dass du heute Abend um 23.00 Uhr ins Bett gehen darfst. Und dann ziehen wir deine Zubettgehzeit jeden zweiten Tag um 15 Minuten vor, bis du rechtzeitig einschlafen kannst. Was wäre denn für dich so eine Zubettgehzeit, mit der du dich anfreunden könntest?	Immer wieder loben
Max: Ich denke, 22.00 Uhr wär' ganz ok, obwohl das schon noch sehr früh ist!	
Vater: Wenn wir jetzt zwischen unseren Zeiten einen Kompromiss schließen würden, dann würde das 21.30 Uhr bedeuten. Könntest du dich damit anfreunden?	Kompromiss und eine altersangemessene Belohnung anbieten
Max: Naja …	
Vater: Pass auf, lass uns einen Vertrag machen: Du gewöhnst deinen Körper in den nächsten zwei Wochen langsam an die Zubettgehzeit um 21.30 Uhr. Wenn du das schaffst, dann fahren wir an dem Samstag in das neue Erlebnisbad, in das du so gerne willst. Für die Zeit danach machen wir aus, dass du an jedem Schultag 21.30 Uhr ins Bett gehst. An den Wochenenden darfst du von uns aus ½–1 Stunde länger aufbleiben. Und als besonderen Anreiz versprechen wir dir, dass Mama oder ich dich und deine Freunde jedes zweite Wochenende einmal irgendwo um spätestens 22.00 Uhr abholen, wenn du unter der Woche deine Zubettgehzeiten eingehalten hast. Na, was sagst du dazu?	Als elterlicher »Kompass« dafür sorgen, dass eine für das Alter angemessene Schlafzeit eingehalten wird
Max: Das hört sich gut an!	
Mutter: Toll! Ich habe das alles hier mitgeschrieben, damit wir auch nicht vergessen, was wir ausgemacht haben. Wir sollten alle diesen Vertrag unterschreiben. Den können wir dann neben den Kalender in der Küche aufhängen. Max, am besten trägst du jeden Morgen nach dem Aufwachen in den Kalender ein, um wie viel Uhr du zu Bett gegangen bist. Dann können wir am Wochenende sehen, wie gut du dein Vorhaben umgesetzt hast und ob du dir dein »Eltern-Taxi« verdient hast!	Vertrag abschließen, gut sichtbar aufhängen
Vater: Und den Termin für das Erlebnisbad hab ich auch schon im Kalender notiert …	Termin für eventuelle Belohnung am besten gleich reservieren.

Was können wir tun, wenn unser Kind sich verschließt und nicht mit uns über seine Schlafprobleme reden möchte?

Jugendliche tun sich häufig schwer, mit ihren Eltern über Probleme zu sprechen. Ist das bei Ihrem Kind der Fall, sollten Sie trotzdem deutlich machen, dass Sie sich für dieses Thema interessieren und Ihrem Kind das Angebot machen, dass es jederzeit mit Ihnen darüber sprechen kann. Die Entscheidung, ob Ihr Kind das annehmen möchte, sollten Sie ihm überlassen. Bedrängen Sie Ihr Kind nicht, stellen Sie aber sicher, dass es weiß, dass Sie für es da sind.

Wir wünschen Ihnen viel Erfolg!

Stichwortverzeichnis

A

Alpträume 76
Aufgaben des Schlafs 23

C

Chronotyp 41

E

Einschlafprobleme 44
Entspannung 94
Entspannungstechnik 90
Entwicklung und Immunsystem 23
Erholung und Erneuerung 23

F

Fernsehen/PC 39

G

Gedanken 67
Gehirnentwicklung 23
Gesunder Schlaf 16
Grübeln 72

H

Hypnotherapie 29

I

Imagination 28
Informationsverarbeitung 23

J

JuSt
– Ziele 9

L

Laborordnung 12
Laborvertrag 13
Lärm 54
Licht 54
Luft 54

M

Mittagsschlaf 39

P

Problemlösungsstrategien 87
Punktesystem 14

S

Schlaf
– gestörter 24
– Non-REM-Schlaf 17
– REM-Schlaf 17
Schlafhygiene 34, 38 ff.
Schlafphasen 18
Schlafplatz 52
Schlafrhythmus 42
Schlafstörungen
– Arten 24
– Folgen 27
– Häufigkeit 25
– Ursachen 26
Schlafumgebung 51
Schlafzyklus 20
Sleep Doc 11
Sleep Lab 11

Sorgen 69
Stress 83

T

Tageslicht 40

U

Uhr 40

Z

Zeitgeber 41
Zubettgehritual 55
Zubettgehzeit 43

Angelika A. Schlarb

JuSt Therapeutenmanual

Das Training für Jugendliche ab 11 Jahren mit Schlafstörungen

2016. 172 Seiten. Kart.
€ 59,-
ISBN 978-3-17-021341-8

Dieses sechs Sitzungen umfassende Training berücksichtigt die alterstypischen Interessen von Jugendlichen in der Behandlung von Schlafstörungen.
So erhalten die Jugendlichen fünf Sitzungen, während die Eltern für eine Sitzung eingeladen werden. Die Jugendlichen werden von einem Sleep Doc durch sein Sleep Lab geführt. Er vermittelt ihnen verschiedene Techniken zur Schlafhygiene, zur Entspannung, zum Problemlösen, im Umgang mit negativen Gedanken sowie kreative Möglichkeiten, die Schlafproblematik zu verändern.
Die Kombination mit imaginativen Techniken bzw. der modernen Hypnotherapie erlaubt eine abwechslungsreiche Vorgehensweise für die Jugendlichen, die am Ende des Trainings ihr eigenes Sleep Lab konzipieren sollen.
Die Therapeuten werden durch umfangreiche Instruktionen sicher durch das Programm geführt und können die jeweiligen Themenbereiche je nach Alter stärker oder schwächer in der Durchführung hervorheben.
Die Imaginationsübungen können als Hörfassungen kostenfrei heruntergeladen werden.

Leseproben und weitere Informationen unter www.kohlhammer.de

W. Kohlhammer GmbH · 70549 Stuttgart
Fax 0711/7863 - 8430 · vertrieb@kohlhammer.de

Angelika A. Schlarb

KiSS
Begleit- und Arbeitsbuch
für Eltern und Kinder

Das Training für Kinder
von 5 bis 10 Jahren mit Schlafstörungen

2014. 72 Seiten mit 9 Abb.
Inkl. ContentPLUS. Kart.
€ 19,90
ISBN 978-3-17-021539-9

Bei diesem sechs Sitzungen umfassenden Training werden die Kinder in die Therapie mit einbezogen; sowohl die Eltern als auch die Kinder erhalten je drei Sitzungen. Auf diese Weise werden die Kinder zur Bewältigung der Schlafproblematik – im Sinne der Selbstwirksamkeit – eingebunden. Hierbei hilft ihnen Kalimba, ein Zauberleopard, der den Kindern mit seinen magischen Flecken umfangreiche Hilfestellungen gibt. Durch das spielerische Vorgehen wird das Training für die Kinder interessant und sie können so alle gelernten Strategien auch trotz des jungen Alters behalten und sehr gut umsetzen.
Die Eltern lernen, günstige Erziehungsstrategien einzusetzen und zu unterscheiden, ob eher Angst oder das Bedürfnis nach Einfluss oder Macht im Vordergrund der kindlichen Schlafproblematik steht und was sie als Eltern dagegen unternehmen können. Zum Training erhalten sie dieses Begleitmanual, in dem alle Sitzungen dargestellt sind, so dass sie ihre Kinder optimal bei der Umsetzung der gelernten Strategien unterstützen können.
ContentPLUS enthält u. a. Schlafprotokolle, eine Geschichtensammlung sowie Präsentationen.

Leseproben und weitere Informationen unter www.kohlhammer.de

W. Kohlhammer GmbH · 70549 Stuttgart
Fax 0711/7863 - 8430 · vertrieb@kohlhammer.de

Kohlhammer